AF275204

COLEX

Disfrute gratuitamente **DURANTE UN AÑO** de los eBook y audiolibros de las obras de Editorial Colex*

⊛ Acceda a la página web de la editorial **www.colex.es**

⊛ Identifíquese con su usuario y contraseña. En caso de no disponer de una cuenta regístrese.

⊛ Acceda en el menú de usuario a la pestaña «Mis códigos» e introduzca el que aparece a continuación:

RASCAR PARA VISUALIZAR EL CÓDIGO

⊛ Una vez se valide el código, aparecerá una ventana de confirmación y su eBook y/o audiolibro estará disponible **durante 1 año desde su activación** en la pestaña «Mis libros» en el menú de usuario.

* Los audiolibros están disponibles en las ediciones más recientes de nuestras obras. Se excluyen expresamente las colecciones «Códigos comentados», «Biblioteca digital» y los productos de www.vademecumlegal.es.

No se admitirá la devolución si el código promocional ha sido manipulado y/o utilizado.

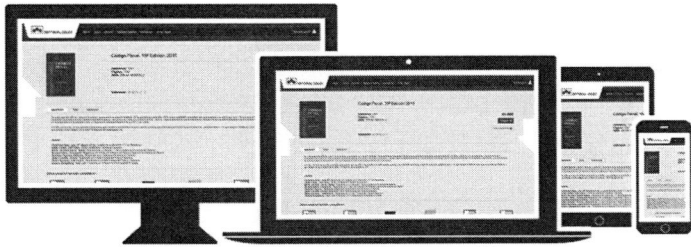

¡Gracias por confiar en nosotros!

La obra que acaba de adquirir incluye de forma gratuita la versión electrónica. Acceda a nuestra página web para aprovechar todas las funcionalidades de las que dispone en nuestro lector.

Funcionalidades eBook

**Acceso desde
cualquier dispositivo con
conexión a internet**

**Idéntica visualización
a la edición de papel**

Navegación intuitiva

Tamaño del texto adaptable

Síguenos en: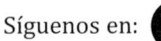

RESPONSABILIDAD DERIVADA DE LOS DAÑOS CAUSADOS POR ANIMALES

RESPONSABILIDAD DERIVADA DE LOS DAÑOS CAUSADOS POR ANIMALES

Análisis práctico de los tipos de responsabilidad derivada de daños causados por animales

EDICIÓN 2024

Obra realizada por el Departamento de Documentación de Iberley

COLEX 2024

© Editorial Colex, S.L.
Calle Costa Rica, número 5, 3.º B (local comercial)
A Coruña, 15004, A Coruña (Galicia)
info@colex.es
www.colex.es

I.S.B.N.: 978-84-1194-762-6
Depósito legal: C 1770-2024

SUMARIO

ANEXO I.
CASOS PRÁCTICOS

ANEXO II.
FORMULARIOS

0.
INTRODUCCIÓN

Por **animal** se entiende, según el DPEJ, el «ser vivo irracional que siente y se mueve por sí mismo», debiendo distinguirse entre los **animales domésticos** que se crían y poseen habitualmente por los seres humanos y no pueden ser objeto de apropiación por ocupación, y los **animales fieros o salvajes** que son los que vagan libres por la tierra, el aire o el agua y son susceptibles de apropiación.

Las relaciones de las personas con los animales han dado lugar a distintas normas jurídicas entre las que destacan en materia de responsabilidad por daños los **artículos 1905 y 1906 del CC** que señalan:

Artículo 1905 del CC

«El poseedor de un animal, o el que se sirve de él, es responsable de los perjuicios que causare, aunque se le escape o extravíe. Sólo cesará esta responsabilidad en el caso de que el daño proviniera de fuerza mayor o de culpa del que lo hubiese sufrido».

Artículo 1906 del CC

«El propietario de una heredad de caza responderá del daño causado por ésta en las fincas vecinas, cuando no haya hecho lo necesario para impedir su multiplicación o cuando haya dificultado la acción de los dueños de dichas fincas para perseguirla».

Existiendo **dos tipos de responsabilidad, objetiva y subjetiva, la responsabilidad por los daños causados por animales es uno de los escasos supuestos que existen en nuestro ordenamiento jurídico de responsabilidad objetiva**. Así, la jurisprudencia ha destacado el carácter objetivo de esta responsabilidad, basada en el riesgo consustancial a la tenencia o a la utilización en propio provecho de los animales, la cual exige tan solo una casualidad material, estableciendo la presunción de culpabilidad del poseedor del animal o de quien se sirve del mismo por su mera tenencia o utilización.

Del citado artículo 1905 del CC se infieren dos **causas de exoneración de responsabilidad por los daños causados por animales**.

En primer lugar, que el daño provenga de **fuerza mayor**, esto es, cuando el riesgo es imprevisible, o siendo previsible es inevitable. Distinto de la fuerza mayor es el **caso fortuito** el cual se da en el caso de sucesos que no son previsibles, pero de haberlos previsto sí hubieran podido evitarse (**sentencia de la Audiencia Provincial de Almería n.º 1277/2022, de 22 de noviembre, ECLI:ES:APAL:2022:1003**).

En segundo lugar, que el daño haya sido causado por **culpa exclusiva del que lo sufre**. En estos casos se produce la ruptura del nexo causal entre el evento dañoso y el daño producido, siendo la víctima la única responsable de los daños.

En la práctica se han venido apreciando **diferentes casos de responsabilidad por daños derivados de los animales** en las que la regla general es la atribución de responsabilidad al poseedor del animal o al que se sirve de él, si bien del análisis de los distintos supuestos resultan especialmente interesantes los siguientes:

- Los **daños derivados de accidentes de tráfico ocasionados por animales**. Debe tenerse en cuenta aquí el tipo de carretera de que se trate, si es una vía convencional la responsabilidad recae en el dueño del animal, si es conocido o, en caso de especies cinegéticas, en el titular del coto del que procede, si está determinado. En su defecto, podrá corresponder el abono de la indemnización de los daños a la persona que sufre el accidente y, en su caso, la entidad aseguradora. Tratándose de una autopista cabe aludir a la responsabilidad de la concesionaria obligada a mantener la seguridad de la vía. Todo ello sin perjuicio de los casos en que se pueda atribuir el accidente a fuerza mayor o culpa exclusiva de la víctima, o incluso aquellos en que se modere la responsabilidad por la contribución de esta en los hechos causantes.

- Los **daños que procedan de la caza**, bien de la propia acción de cazar o bien de la actuación de especies cinegéticas, analizando en estos casos la responsabilidad de los titulares del coto cinegético y de las personas que practican esta actividad, en su caso.

- Los **daños derivados de actividades con animales**, donde puede hablarse de la responsabilidad de los organizadores de la actividad (por ejemplo, en el caso de encierros), de las personas que tienen el control de los animales (caso de monta de caballos), etc.

- Los **daños derivados del ataque de los propios animales**, con especial referencia a los ataques de los perros dado el aumento de la interacción de estos en la vida cotidiana y social. Pudiendo analizar aquí tanto el ataque a las personas como a otros animales.

Cuando en el caso concreto se aprecie la **responsabilidad por daños se fijará la correspondiente indemnización**, dentro de la cual pueden comprenderse tanto los daños materiales como los personales, así como, cuando procedan, los daños morales.

El **procedimiento para exigir la responsabilidad por daños será el que corresponda por razón de la cuantía,** bien el juicio ordinario (más de 15.000 euros) bien el juicio verbal (no exceda de 15.000 euros).

Finalmente, también existen **casos de responsabilidad penal por el ataque de los animales,** generalmente se trata de supuestos de conductas imprudentes, pues para apreciar dolo es necesario que el animal se utilice como instrumento para cometer el delito.

1.
CONCEPTO DE ANIMAL Y REGULACIÓN

En palabras de la RAE se entiende por animal el «ser orgánico que vive, siente y se mueve por propio impulso». En el mismo sentido lo define el DPEJ como «ser vivo irracional que siente y se mueve por sí mismo».

Las relaciones de los seres humanos y los animales a lo largo de la historia han motivado la existencia de distintas normas jurídicas que se ocupan de la regulación de esta materia, destacando aspectos tales como: la adquisición de los animales por el ser humano, sus derechos y la protección de los mismos, el régimen aplicable a los animales peligrosos o la responsabilidad que deriva de los daños que causen.

Normas destacadas en relación con los animales

Centrándonos en la responsabilidad derivada de los daños causados por los animales cabe destacar las normas siguientes:

Artículo 1905 del Código Civil

«El poseedor de un animal, o el que se sirve de él, es responsable de los perjuicios que causare, aunque se le escape o extravíe. Sólo cesará esta responsabilidad en el caso de que el daño proviniera de fuerza mayor o de culpa del que lo hubiese sufrido».

Artículo 1906 del Código Civil

«El propietario de una heredad de caza responderá del daño causado por ésta en las fincas vecinas, cuando no haya hecho lo necesario para impedir su multiplicación o cuando haya dificultado la acción de los dueños de dichas fincas para perseguirla».

Hay que tener en cuenta igualmente:

– La Ley 7/2023, de 28 de marzo, de protección de los derechos y el bienestar de los animales.

- La Ley 50/1999, de 23 de diciembre, sobre el Régimen Jurídico de la Tenencia de Animales Potencialmente Peligrosos.
- La Ley 1/1970, de 4 de abril, de caza.
- Las diversas normas autonómicas en relación con la protección de los animales.

Además de las normas anteriores, cabe hacer referencia a dos hitos importantes en materia de protección animal que aún no han llegado a materializarse legislativamente. De un lado, la Declaración Universal de los Derechos del Animal proclamada por la Liga Internacional de los Derechos del Animal y la UNESCO (año 1976). De otro lado, la propuesta intergubernamental relativa a la llamada Declaración Universal sobre el Bienestar Animal (año 2000) que continúa siendo hoy en día una proposición.

Finalmente, en materia de responsabilidad penal en relación con los animales cabe hacer referencia al título XVI bis del libro II del Código Penal, artículos 340 bis, 340 ter, 340 quater y 340 quinquies, que lleva por rúbrica «De los delitos contra los animales».

> **A TENER EN CUENTA.** La regulación de los delitos contra los animales deriva de la reforma operada por la Ley Orgánica 3/2023, de 28 de marzo, en vigor desde el 18 de abril de ese mismo año. Esta norma modifica la rúbrica del título XVI, libro II, eliminando la referencia del mismo a los animales domésticos y, consecuentemente, suprimiendo los artículos 337 y 337 bis del CP, y crea un nuevo título (título XVI bis, libro II del CP) relativo a los delitos contra los animales que comprende los nuevos artículos 340 bis, 340 ter, 340 quater y 340 quinquies del CP.

Tipos de animales: domésticos y fieros o salvajes

Al hablar de animales se vienen distinguiendo varios tipos dependiendo del ámbito, protección o responsabilidad de que se trate. En este sentido, podemos distinguir entre **animales domésticos y animales fieros o salvajes**.

¿Qué se entiende por animal doméstico? El DPEJ lo define como «animal de compañía perteneciente a especies que **crían y poseen tradicional y habitualmente los seres humanos,** con el fin de vivir en domesticidad en el hogar, así como los de acompañamiento, conducción y ayuda de personas ciegas o con deficiencia visual grave o severa. **No es susceptible de apropiación por ocupación**». En idénticos términos se recoge dicho concepto en el artículo 3 de la Ley 8/2003, de 24 de abril, al cual se remite la Ley 7/2023, de 28 de marzo, de protección de los derechos y el bienestar de los animales, en su artículo 3.

Entrando los animales domésticos en el concepto más amplio de **animal de compañía** podemos entender como tal aquel animal que tienen en su poder las personas, cuando su tenencia no tenga como destino su consumo o el aprovechamiento de sus producciones, o no se lleve a cabo con fines comerciales o lucrativos en general.

CUESTIONES

1. ¿Cuáles son las características esenciales de los animales de compañía?

Atendiendo al concepto de animal de compañía contemplado en el artículo 3, letra a), de la Ley 7/2023, de 28 de marzo, podemos señalar las siguientes notas características:

– Se trata de un animal doméstico o, en caso de incluirse su especie en el listado positivo de animales de compañía, un animal silvestre en cautividad.

– Mantenido por el ser humano, fundamentalmente en el hogar, en buenas condiciones de bienestar atendiendo a sus necesidades.

– Ha de poder adaptarse a la cautividad.

– Su tenencia no puede estar destinada a su consumo o al aprovechamiento de sus producciones, a un uso industrial o a cualquier otro fin comercial o lucrativo.

Con independencia del fin al que se destinen o del lugar en el que habiten o del que procedan, los perros, gatos y hurones tendrán la consideración de animales de compañía.

2. ¿Existe algún caso en que los animales de producción puedan considerarse animales de compañía?

Sí, en el caso de que, perdiendo su finalidad productiva, el propietario decida inscribirlo como animal de compañía en el Registro de Animales de Compañía (art. 3, letra a, de la Ley 7/2023, de 28 de marzo).

3. ¿Qué es un animal silvestre?

La letra c) del artículo 3 de la Ley 7/2023, de 28 de marzo, lo define como «todo aquel que forma parte del conjunto de especies, subespecies y poblaciones de fauna cuyo geno/fenotipo no se ha visto afectado por la selección humana, independientemente de su origen, natural o introducido, incluyendo ejemplares de especies autóctonas y alóctonas, ya se encuentren en cautividad o libres en el medio natural». Se excluyen de este concepto los animales domésticos de compañía aun en el caso de que hayan vuelto a un estado asilvestrado.

Dentro del concepto de animal silvestre cabe referirse además al de animal silvestre en cautividad cuya definición ofrece la letra d) del artículo 3 de la Ley 7/2023, de 28 de marzo, conforme a la cual será «todo aquel animal silvestre cuyo geno/fenotipo no se ha visto significativamente alterado por la selección humana y que es mantenido en cautividad por el ser humano».

Por lo que se refiere a los **animales fieros o salvajes** cabe definirlos según la RAE como aquellos animales que **vagando libres por la tierra, el aire o el agua, pueden ser objeto de apropiación, caza o pesca.**

A la vista de los conceptos analizados y en relación con la responsabilidad derivada de los daños causados por los animales hay que tener en cuenta que el CC al tratar de la misma no hace distinción expresa entre los animales domésticos y los fieros o salvajes. No obstante, lo anterior, puede entenderse que el artículo 1905 del CC hace referencia a los daños causados por animales domésticos, así se infiere de numerosas sentencias como por ejemplo la **sentencia de la Audiencia Provincial de Barcelona n.º 168/2024, de 5 de marzo, ECLI:ES:APB:2024:3630.** Asimismo, el artículo 1906 del CC parece aludir a los animales fieros o salvajes si a tal efecto se tiene en cuenta el concepto de piezas de caza que contempla el artículo 4 de la Ley 1/1970, de 4 de abril, de caza.

Para terminar, en cuanto a la **responsabilidad penal** debe tenerse en cuenta que el citado título XVI bis del **libro II del CP** en los preceptos que lo integran hace alusión, según la conducta de que se trate, a distintos tipos de animales, así:

– **Lesiones que requieran tratamiento veterinario para el restablecimiento de su salud o fallecimiento**: distingue a efectos de pena según se trate bien de animal doméstico, amansado, domesticado o que viva temporal o permanentemente bajo el control humano o bien de animal vertebrado no incluido en el concepto anterior (art. 340 bis del CP).

– **Abandono** respecto de animales vertebrados (art. 340 ter del CP).

2.
TIPOS DE RESPONSABILIDAD

En cuanto a la responsabilidad el artículo 1905 del CC señala:

> «**El poseedor de un animal, o el que se sirve de** él, **es responsable de los perjuicios que causare,** aunque se le escape o extravíe. Sólo cesará esta responsabilidad en el caso de que el daño proviniera de fuerza mayor o de culpa del que lo hubiese sufrido».

El referido precepto establece una presunción *iuris et de iure* de culpa bilidad, en razón a que el hecho de tener y disfrutar de animales en interés propio, entraña riesgos que el propietario debe asumir en sus consecuencias negativas, con lo que viene a ser decisivo que los daños hayan sido causados por animales identificados (**sentencia de la Audiencia Provincial de Málaga n.º 93/2024, de 8 de febrero, ECLI:ES:APMA:2024:2405**).

La **responsabilidad contenida en referido artículo se basa en el riesgo consustancial a la tenencia o a la utilización en propio provecho de los animales.** Pero precisamente la responsabilidad se centra en el poseedor del animal o el que se sirve de él, no del propietario sin más. La responsabilidad, por tanto, afecta al poseedor del animal, no a su propietario, si este no tiene cuidado directo, por tanto, la responsabilidad deriva de la tenencia o riesgo y no de la culpa del poseedor (**sentencia Audiencia Provincial de Madrid n.º 338/2019, de 27 de junio, ECLI:ES:APM:2019:10115**).

Si bien, ¿ante qué tipo de responsabilidad nos encontramos?, ¿objetiva o subjetiva? En primer lugar, señalaremos las diferencias entre la responsabilidad objetiva y subjetiva en el orden civil:

- **Responsabilidad subjetiva**: se basa en la culpa o negligencia del agente que causa el daño. Es decir, para que exista responsabilidad, es necesario demostrar que el agente actuó de manera dolosa (intencional) o culposa (negligente).

- **Responsabilidad objetiva**: no requiere demostrar la culpa o negligencia del agente. Se basa en la mera relación de causalidad entre la acción u omisión del agente y el daño producido.

En resumen, **la principal diferencia entre la responsabilidad objetiva y la subjetiva radica en la necesidad o no de probar la culpa o negligencia del agente causante del daño**. La responsabilidad subjetiva requiere esta prueba, mientras que, la responsabilidad objetiva se basa únicamente en la relación de causalidad entre la acción y el daño, prescindiendo de la intención o cuidado del agente.

En el caso de la responsabilidad por daños causados por animales, la jurisprudencia ha destacado el carácter objetivo de esta responsabilidad, basada en el riesgo consustancial a la tenencia o a la utilización en propio provecho de los animales, la cual exige tan sólo una casualidad material, estableciendo la presunción de culpabilidad del poseedor del animal o de quien se sirve del mismo por su mera tenencia o utilización, con la única exoneración de los casos de fuerza mayor o de culpa del perjudicado.

Es importante señalar que **la creación de un riesgo que tenga un resultado dañoso no es por sí solo un elemento suficiente para imponer responsabilidad** se requiere, además, la concurrencia del elemento de la culpa (responsabilidad subjetiva).

La apreciación de la culpa es una valoración jurídica resultante de una comparación entre el comportamiento causante del daño y el requerido por el ordenamiento.

Es decir, **constituye culpa un comportamiento que no es conforme a los cánones o estándares de pericia y diligencia exigibles según las circunstancias de las personas**, del tiempo y del lugar. El mero cumplimiento de las normas reglamentarias de cuidado no excluye, por sí solo, el denominado «reproche culpabilístico».

En cuanto al **riesgo**, este no es un concepto unitario, sino graduable, que puede presentarse con diversa entidad; y ello tiene relevancia para la ponderación del nivel de diligencia requerido. No cabe considerar exigible una pericia extrema y una diligencia exquisita, cuando sea normal el riesgo creado por la conducta causante del daño.

La falta de adopción de las más exigentes medidas de cuidado en su caso requeridas justifica atribuir responsabilidad (por culpa o subjetiva) por los resultados dañosos que sean realización del mayor riesgo así creado: que sean objetivamente imputables a esa culpa en el desempeño de la actividad peligrosa (**sentencia del Tribunal Supremo n.º 116/2024, de 31 de enero, ECLI:ES:TS:2024:364**).

Por su parte, la **Audiencia Provincial de Teruel en sentencia n.º 36/2000, 4 de marzo, ECLI:ES:APTE:2000:63**, que trae a colación la **sentencia del Tribunal Supremo, rec. 1635/1994, de 16 de octubre de 1998, ECLI:ES:TS:1998:5936**, viene a declarar que el artículo 1905 del CC contempla una responsabilidad de carácter no culpabilístico, por riesgo e inherente a la utilización del animal, es decir anudada a la simple posesión del mismo y no a la propiedad, «(...) de donde se sigue que basta la explotación en el propio beneficio para que surja esa obligación de resarcir», debiéndose inferir de dicho precepto:

– Que el sujeto de la responsabilidad civil que en él se establece es el poseedor de un animal o el que se sirve de él; el CC no se refiere al dueño, pero habrá de entenderse que el mismo es responsable salvo que exista algún estado de posesión o servicio del animal, pendiente o no de aquella voluntad, en cuyo caso cesará su responsabilidad, para pasar a quien, de hecho, se encargue de la custodia del animal.

– Que la ley no exige en el dueño, poseedor o usuario del animal ninguna culpa o falta de diligencia que embargue su responsabilidad, puesto que el CC dice claramente «aunque se le escape o extravíe»; siendo un caso de responsabilidad totalmente objetiva.

– Igualmente, que el CC sólo se refiere a los perjuicios que cause el animal, sin precisar la índole de los mismos ni exigir que éstos sean una consecuencia del estado de peligrosidad del semoviente productor del daño.

– Que el reclamante del daño debe probar éste, el nexo causal y que el animal lo posee el demandado. Por el contrario, incumbirá a éste la, prueba de las correspondientes excepciones: esto es, de la fuerza mayor o de la culpa del que lo hubiera sufrido.

En el mismo sentido, la **sentencia de la Audiencia Provincial de Madrid n.º 475/2020, de 15 de octubre, ECLI:ES:APM:2020:APM:10697**, señala que la responsabilidad contenida en el antedicho art. 1905, contiene una responsabilidad de carácter objetivo, del dueño, poseedor o usuario del animal, sin exigencia en estos de ninguna culpa o falta de diligencia para configurar la responsabilidad, ya que el CC señala de manera evidente «aunque se le escape o extravíe», a dicha referencia se une otra idea:

> «La Ley sólo anuncia los perjuicios que causare el animal, sin precisar la índole de los mismos, sin exigir que éstos sean una consecuencia del estado de peligrosidad del semoviente productor del daño"; daños que pueden ser causados de forma activa por el animal, en el caso de mordeduras, aun cuando también puede aparecer, así Sentencia del TS de 27 de febrero de 1996, sin que aquél acometa directamente a la víctima, son los supuestos de invasión de la calzada por parte del semoviente».

En definitiva, la jurisprudencia del TS en esta materia puede resumirse en lo señalado por la **sentencia n.º 529/2003, de 29 de mayo, ECLI:ES:TS:2003:3680**, que afirma que, «La obligación de reparar el daño causado por animales la contempla el artículo 1905 del CC: responsabilidad objetiva que deriva de la posesión del animal, solo se evita que surja tal obligación cuando se rompe el nexo causal por fuerza mayor o por culpa del perjudicado».

Es decir, la responsabilidad contemplaba en el dicho artículo es de los escasos supuestos de responsabilidad objetiva admitidos en nuestro ordenamiento jurídico, al proceder del comportamiento agresivo del animal que se traduce en la causación de efectivos daños, exigiendo el precepto solo causalidad material.

Requisitos para la concurrencia de responsabilidad derivada de los daños causados por animales

La **Audiencia de Barcelona en su sentencia n.º 71/2020, de 24 de febrero, ECLI:ES:APB:2020:1047**, señala los siguientes requisitos:

- El sujeto de la responsabilidad civil ha de ser el poseedor de un animal o servirse de él, o estar encargado del mismo.

- Es suficiente esta posesión para generar imputabilidad objetiva que solo quiebra en los casos de fuerza mayor o de que el accidente hubiera provenido de quien lo hubiere sufrido.

- Que exista un nexo causal entre el daño y la posesión del animal.

3.
TENENCIA Y CONVIVENCIA CON ANIMALES: OBLIGACIONES Y PROHIBICIONES

La tenencia y convivencia con animales debe ser responsable, para ello habrán de tenerse en cuenta el cumplimiento de una serie de obligaciones y prohibiciones las cuales aparecen sintetizadas en la Ley 7/2023, de 28 de marzo, de protección de los derechos y el bienestar de los animales.

Pues bien, centrándonos en este punto en las obligaciones, hay que distinguir entre:

- Obligaciones generales en relación con animales de compañía y silvestres en cautividad (art. 24 de la Ley 7/2023, de 28 de marzo).
- Obligaciones específicas con respecto a los animales de compañía (art. 26 de la Ley 7/2023, de 28 de marzo).
- El caso especial de la tenencia de perros (art. 30 de la Ley 7/2023, de 28 de marzo).

Obligaciones generales de las personas respecto de los animales

Existen una serie de obligaciones generales con respecto a los animales de compañía y los silvestres en cautividad que se contemplan en el artículo 24 de la Ley 7/2023, de 28 de marzo.

En primer lugar, se prevé una **obligación de todas las personas**, esto es, tratar a los animales conforme a su condición de seres sintientes.

En segundo lugar, enumera las obligaciones que deben observar los tutores o responsables de los animales. **¿Cuáles son estas obligaciones?** Sin perjuicio del cumplimiento de cualesquiera otras que puedan fijarse, cabe señalar las siguientes:

- Mantener a los animales en condiciones de vida dignas, garantizando su bienestar, derechos y desarrollo saludable.

- Educar y manejar al animal con métodos que no provoquen sufrimiento o maltrato al animal ni le causen estados de ansiedad o miedo.
- Ejercer sobre los animales la adecuada vigilancia y evitar su huida.
- No dejarlos solos dentro de vehículos cerrados, expuestos a condiciones térmicas o de cualquier otra índole que puedan poner su vida en peligro.
- Prestarles los cuidados sanitarios necesarios para su salud y los obligatorios según la normativa específica, así como facilitarles un reconocimiento veterinario.
- Mantener permanentemente localizado e identificado al animal.
- Comunicar a las autoridades la pérdida o sustracción del animal en el plazo máximo de 48 horas desde que se produjo.
- Recurrir a los servicios de un profesional veterinario, o veterinario acreditado en comportamiento animal, siempre que la situación del animal lo requiera.
- Colaborar con las autoridades, facilitando la identificación de los animales cuando así sea requerido y comunicando su cambio de titularidad, extravío o muerte.

Asimismo, la **persona responsable de un animal** estará obligada a responder de los posibles **daños, perjuicios o molestias que, sin mediar provocación o negligencia de un tercero**, pudiera ocasionar a personas, otros animales o cosas, a las vías y espacios públicos y al medio natural.

Obligaciones específicas respecto a los animales de compañía

El artículo 26 de la Ley 7/2023, de 28 de marzo, recoge el deber de protección de los animales de compañía por parte de sus titulares o las personas que convivan con aquellos, así como unas obligaciones específicas que deben cumplir.

¿Cuáles son las obligaciones específicas de los titulares o personas que conviven con animales de compañía? Serán las previstas en el citado precepto:

- Mantenerlos integrados en el núcleo familiar, siempre que sea posible por su especie, en buen estado de salud e higiene.
- Proporcionarles un alojamiento adecuado cuando por razones incompatibles con su calidad de vida, tamaño o características de su especie no puede convivir en el núcleo familiar.
- Adoptar las medidas necesarias para evitar que su tenencia o circulación ocasione molestias, peligros, amenazas o daños a las personas, otros animales o a las cosas.
- Adoptar las medidas necesarias para evitar la reproducción incontrolada de los animales de compañía.

CUESTIÓN

¿Quién podrá llevar a cabo la cría de animales de compañía?

Las personas responsables de la actividad de la cría de animales de compañía inscritas en el correspondiente registro.

- Evitar que los animales depositen sus excrementos y orines en lugares de paso habitual de otras personas, como fachadas, puertas o entradas a establecimientos, procediendo en todo caso a la retirada o limpieza de aquellos con productos biodegradables.
- Facilitarles los controles y tratamientos veterinarios establecidos como obligatorios por las Administraciones públicas.
- Si son animales de compañía que viven permanentemente en jaulas, acuarios, terrarios o similares, deben contar con espacios adecuados al efecto.
- Superar la formación en tenencia responsable prevista para cada especie.
- Identificar mediante microchip y proceder a la esterilización quirúrgica de todos los gatos antes de los seis meses de edad salvo aquellos inscritos en el registro de identificación como reproductores y a nombre de un criador registrado en el Registro de Criadores de Animales de Compañía.
- Comunicar a la administración competente y a su titular, la retirada del cadáver de un animal de compañía identificado.

A TENER EN CUENTA. La baja de un animal de compañía por muerte deberá ir acompañada del documento que acredite que fue incinerado o enterrado por una empresa reconocida oficialmente para la realización de dichas actividades, haciendo constar el número de identificación del animal fallecido y el nombre y apellidos de su responsable o, en su defecto, que quede constancia en las bases de datos de la empresa que se ocupó del cadáver. Si fue imposible recuperar el cadáver, se deberá documentar adecuadamente.

CUESTIÓN

¿Qué se entiende por alojamiento adecuado cuando el animal de compañía no puede convivir en el núcleo familiar?

En el caso de animales, que, por razones incompatibles con su calidad de vida, tamaño o características de su especie, no puedan convivir en el núcleo familiar y deban disponer de un alojamiento adecuado este deberá tener habitáculos acordes a sus dimensiones y que protejan a los animales de las inclemencias del tiempo, así como mantener buenas condiciones higiénico-sanitarias de forma que se facilite un ambiente en el que puedan desarrollar las características propias de su especie y raza.

En el caso de animales gregarios se les procurará la compañía que precisen.

¿Qué sucede en el caso de animales de compañía que deben alojarse en espacios abiertos? En este caso, los titulares o responsables de los animales deben adoptar las medidas previstas en el artículo 28 de la Ley 7/2023, de

28 de marzo, esto es utilizar estancias que los protejan de las inclemencias del tiempo, sean acordes a sus dimensiones y necesidades fisiológicas y que estén situadas de forma que no se les exponga directa y prolongadamente a la radiación solar, lluvia o frío extremo, así como garantizarles el acceso a bebida y alimentación y a las condiciones higiénico-sanitarias adecuadas.

|| El caso especial de la tenencia de perros

Respecto del caso específico de la tenencia de perros, el artículo 30 de la Ley 7/2023, de 28 de marzo, exige que las personas que pretendan ser titulares de perros acrediten la **realización de un curso de formación** para la tenencia de perros.

| ¿Cuáles son las características del citado curso?

– Validez indefinida.

– Carácter gratuito.

– Contenido determinado reglamentariamente.

Además del curso, la persona titular deberá contratar y mantener en vigor **un seguro de responsabilidad civil por daños a terceros** por un importe de cuantía suficiente para sufragar los posibles gastos derivados que se establecerá reglamentariamente. El seguro ha de incluir la cobertura a las personas responsables del animal.

En el caso de **animales potencialmente peligrosos**, el Real Decreto 287/2002, de 22 de marzo, por el que se desarrolla la Ley 50/1999, de 23 de diciembre, sobre el régimen jurídico de la tenencia de animales potencialmente peligrosos, exige la formalización de un seguro de responsabilidad civil por daños a terceros con una **cobertura no inferior a 120.000 euros**.

La aplicación de la Ley 7/2023, de 28 de marzo, está supeditada en muchos aspectos a su desarrollo reglamentario, tal es el caso de las dos obligaciones referidas en cuanto a la tenencia de perros. Es por ello que la **Dirección General de Derechos de los Animales**, con ocasión de la entrada en vigor de la ley, el 29 de septiembre de 2023, se vio obligada a publicar una **aclaración respecto de la exigencia de tales obligaciones**.

Por lo que se refiere al **seguro de responsabilidad civil** previsto en el artículo 30.3 de la Ley 7/2023, de 28 de marzo, señala que «(...) en puridad de términos jurídicos, **no resulta efectivamente aplicable hasta que se produzca el desarrollo reglamentario** de dicho precepto (...)». No obstante, efectúa las siguientes precisiones:

– Si bien el seguro no será obligatorio entre tanto no se produzca el desarrollo reglamentario de la ley citada, deberá atenderse a lo previsto en las **normativas autonómicas o locales sobre la materia, que ya, en algunos casos, establecen la obligatoriedad de disponer de seguro** de responsabilidad civil por tenencia de perros.

– A los efectos de la obligación del seguro se vienen considerando válidos los **seguros del hogar** que incluyan la responsabilidad civil sobre los animales de compañía del titular del seguro.

– Asimismo, tratándose de **personas jurídicas que puedan ser titulares de un grupo de perros**, la cobertura del seguro obligatorio para estos puede incluirse en el seguro de responsabilidad civil para la práctica de su actividad.

Finalmente, en cuanto a otras obligaciones previstas en la Ley 7/2023, de 28 de marzo, señala la Dirección General de Derechos de los Animales que:

> «En relación con otras obligaciones reguladas en la Ley 7/2023, de 28 de marzo, que requieran desarrollo reglamentario, tales como la **realización del curso de tenencia responsable o la identificación de animales incluidos en el listado positivo**, que no sean de las especies perro, gato y hurón, serán aplicables una vez entre en vigor el citado desarrollo reglamentario».

A TENER EN CUENTA. Las aclaraciones anteriores se contienen en dos notas informativas de septiembre de 2023 publicadas una de ellas por la Dirección General de Derechos de los Animales y la otra de forma conjunta por esta Dirección General y la Dirección General de Seguros y Fondos de Pensiones.

Actuaciones prohibidas respecto de los animales

Con el objeto de garantizar la tenencia y convivencia responsable con los animales la Ley 7/2023, de 28 de marzo, también contempla una serie de prohibiciones que pueden clasificarse en generales y específicas, y que sintetizamos a continuación.

El **artículo 25 de la Ley 7/2023, de 28 de marzo**, hace referencia a las **prohibiciones generales con relación a los animales de compañía y a los silvestres en cautividad**. Se trata de la prohibición total de las siguientes conductas o actuaciones:

– **Maltratarlos o agredirlos físicamente**, así como someterlos a trato negligente o cualquier práctica que les pueda producir sufrimientos, daños físicos o psicológicos u ocasionar su muerte.

– Usar **métodos y herramientas invasivas** que causen daños y sufrimientos a los animales, sin perjuicio de tratamientos veterinarios y otras excepciones reglamentarias.

– **Abandonarlos** intencionadamente en espacios cerrados o abiertos, especialmente en el medio natural donde pueden ocasionar daños posteriores por asilvestramiento o por su condición de especies exóticas potencialmente invasoras.

– Dejar **animales sueltos o en condiciones de causar daños** en lugares públicos o privados de acceso público especialmente en los parques nacionales, cañadas donde pastan rebaños o animales u otros espacios naturales protegidos donde puedan causar daños a las personas, al ganado o al medio natural.

– **Utilizarlos** en alguno de los casos siguientes:

– En espectáculos públicos o actividades artísticas turísticas o publicitarias, que les causen angustia, dolor o sufrimiento, sin perjuicio de lo previsto sobre el uso de animales en actividades culturales y festivas (arts. 62 a 65 de la Ley 7/2023, de 28 de marzo).

- En todo caso, en atracciones mecánicas o carruseles de feria.
- En espectáculos circenses los animales pertenecientes a especies de fauna silvestre.
- De forma ambulante como reclamo o, en general, como reclamo, recompensa, premio, rifa o promoción.
- Como reclamo publicitario, excepto para el ejercicio de actividades relacionadas con los mismos.

- Someterlos a **trabajos inadecuados o excesivos** en tiempo o intensidad respecto a las características y estado de salud de los animales.
- La **tenencia, cría y comercio de aves fringílidas capturadas del medio natural** en tanto se infrinjan los requisitos del apartado primero, letra f), del artículo 61 y 4 de la Ley 42/2007, de 13 de diciembre, del Patrimonio Natural y de la Biodiversidad.
- **Alimentarlos con vísceras, cadáveres y otros despojos** procedentes de animales que no hayan superado los oportunos controles sanitarios.
- Utilizar cualquier **artilugio, mecanismo o utensilio destinado a limitar o impedir su movilidad o su movilidad en un punto fijo** salvo por prescripción veterinaria atendiendo a su bienestar.
- **Utilizarlos en peleas** o su adiestramiento en el desarrollo de esta práctica y otras similares, así como **instigar la agresión a otros animales o a otras personas** fuera del ámbito de actividades regladas.

Además de las prohibiciones generales expuestas **¿existen prohibiciones específicas en algún caso? Sí.** En primer lugar, respecto de los **animales silvestres en cautividad**, el artículo 32 de la Ley 7/2023, de 28 de marzo, hace referencia a la prohibición específica de **tenencia, cría y comercio de este tipo de animales** con las posibles excepciones que puedan preverse conforme establece dicho precepto.

En segundo lugar, en relación con los **animales de compañía**, el artículo 27 de la **Ley 7/2023, de 28 de marzo**, contempla la prohibición expresa de las siguientes actividades:

- **Sacrificarlos**, salvo por motivos de seguridad de las personas o animales o de existencia de riesgo para la salud pública debidamente justificado.
- Practicarles todo tipo de **mutilación o modificaciones corporales permanentes**, salvo los sistemas de identificación mediante marcaje en la oreja de gatos comunitarios y las necesarias de forma terapéutica.
- Mantenerlos **atados o deambulando** por espacios públicos **sin la supervisión presencial** por la persona responsable de su cuidado y comportamiento.
- En caso de perros y gatos, mantenerlos habitualmente en **terrazas, balcones, azoteas, trasteros, sótanos, patios y similares o vehículos**.
- Llevarlos **atados a vehículos a motor** en marcha.

- Su puesta **en libertad o introducción en el medio natural,** excepto los animales incluidos en programas de reintroducción.
- **Eliminar cadáveres** de animales de compañía sin comprobar su identificación, cuando esta sea obligatoria.
- Dejarlos **sin supervisión durante más de tres días consecutivos;** en el caso de **perros, este plazo no podrá ser superior a veinticuatro horas consecutivas.**
- Llevar a cabo **actuaciones o prácticas de selección genética** que conlleven problemas o alteraciones graves en la salud del animal.
- La **cría comercial** de cualquier especie de animal de compañía, así como cualquier tipo de cría de animales cuya identificación individual sea obligatoria por la normativa vigente, por criadores no inscritos en el Registro de Criadores de Animales de Compañía.
- La **comercialización** de perros, gatos y hurones en tiendas de animales, así como su exhibición y exposición al público con fines comerciales. Estos solo podrán venderse desde criadores registrados.
- La **comercialización, donación o entrega en adopción de animales no identificados y registrados previamente** a nombre del transmitente conforme a los métodos de identificación aplicables según la normativa vigente.
- Emplearlos para el **consumo humano.**
- El **uso de cualquier herramienta de manejo que pueda causar lesiones** al animal, en particular collares eléctricos, de impulsos, de castigo o de ahogo.

CUESTIONES

1. ¿Es posible sacrificar animales de compañía en algún caso?

En principio, el sacrificio de animales de compañía está prohibido conforme a lo previsto en la letra a) del artículo 27 de la Ley 7/2023, de 28 de marzo, salvo en los casos en que se haga por motivos de seguridad de las personas o animales o de existencia de riesgo para la salud pública debidamente justificado.

En este punto se contempla una prohibición expresa de sacrificio en centros de protección animal, públicos o privados, clínicas veterinarias y núcleos zoológicos en general por alguna de las causas siguientes:

- Cuestiones económicas, de sobrepoblación, carencia de plazas, imposibilidad de hallar adoptante en un plazo determinado, abandono del responsable legal, vejez, enfermedad o lesión con posibilidad de tratamiento, paliativo o curativo.
- Problemas de comportamiento que puedan ser reconducidos.
- Por otras causas asimilables a las anteriores.

2. ¿Y qué sucede con la eutanasia?

La eutanasia solo estará justificada bajo el criterio y control veterinario con el único fin de evitar el sufrimiento por causas no recuperables que comprometa seriamente la calidad de vida del animal lo que ha de ser acreditado y certificado por profesional veterinario colegiado.

Este procedimiento se llevará a cabo por personal veterinario colegiado o perteneciente a alguna Administración pública y con métodos que garanticen la condición humanitaria admitidos legalmente.

4.
CAUSAS DE EXONERACIÓN DE LA RESPONSABILIDAD

De acuerdo con el artículo 1905 del CC las causas de exoneración de la responsabilidad son las siguientes:

- Fuerza mayor.
- Culpa exclusiva de la víctima.

Fuerza mayor

En primer lugar, cabe señalar que la fuerza mayor se refiere a eventos que, aunque pudieran ser previstos, son absolutamente inevitables y fuera del control de las partes.

Por lo tanto, **la fuerza mayor se dará en aquellos acontecimientos totalmente insólitos y extraordinarios, no previsibles por una conducta prudente y atenta a las eventualidades que del curso de los acontecimientos se pueda esperar,** aunque no excusa de prestar la diligencia necesaria para vencer las dificultades que se presentan, no exige sin embargo la llamada prestación exorbitante, es decir aquella que exija vencer dificultades que puedan ser equiparadas a la imposibilidad. Ahora bien, la posibilidad de prever eventos dañosos o perjudiciales depende de las circunstancias de cada caso concreto, y aunque en términos generales no puede exigirse una previsión que exceda de lo que pueda esperarse de una persona prudente, la posibilidad o imposibilidad de impedir las consecuencias del suceso dañoso debe ponerse en relación con el grado de diligencia que deba prestarse según el tenor de la obligación y que también corresponde a las circunstancias de las personas, el tiempo y el lugar.

Es interesante, a modo de ejemplo, la **sentencia la Audiencia Provincial de Pontevedra n.º 515/2017, de 30 de octubre, ECLI:ES:APPO:2017:2216,** en la que se analiza si se da la fuerza mayor en un caso en el que terceros ajenos a la propietaria de un caballo le cortaron la cuerda de amarre a la estaca, por cuanto, el animal al ser dejado sin vigilancia se escapó de la finca accediendo a la vía pública y provocando un accidente. En este caso la sentencia entiende que no existe la fuerza mayor ya que no puede sostenerse que dicho riesgo fuese imprevisible para una persona medianamente diligente, lo que hace imposible la apreciación de una situación de fuerza mayor.

A *sensu contrario* la **sentencia de la Audiencia Provincial de Zaragoza n.º 469/2003, de 22 de julio, ECLI:ES:APZ:2003:1876,** que analiza un caso prácticamente idéntico al anterior, donde un tercero rompe los candados del recinto donde se encontraban guardados unos caballos y estos se escapan y provocan un accidente.

> «Sobre la base de los anteriores hechos la Sala comparte el parecer de la sentencia de instancia, en la que siguiendo el criterio de la doctrina se consideraría como un supuesto de fuerza mayor, al tratarse de un acontecimiento de la actuación de un dueño respecto a su animal extraño al normal desenvolvimiento.
>
> Pues en rigor unos hechos como los ahora analizados, actuación dolosa de terceros que provocan la estampida de los equinos tras haber roto los cierres del lugar en el que se guardaban, no deben de ser analizados desde la mera óptica de la concurrencia de la causa exoneradora de la responsabilidad sino que cabría cuestionar si en este supuesto hay relación de causalidad entre el daño y la actuación del animal, dada la intensa influencia que en definitiva tuvo aquélla acción de terceros».

Es decir, en este contexto, la exención de responsabilidad por razón de fuerza mayor se dará en aquellos acontecimientos totalmente insólitos y extraordinarios, no previsibles por una conducta prudente y atenta a las eventualidades que del curso de los acontecimientos se pueda esperar.

Ahora bien, la posibilidad de prever eventos dañosos o perjudiciales depende de las circunstancias de cada caso en concreto, y aunque **en términos generales no puede exigirse una previsión que exceda de los que pueda esperarse de una persona prudente, la posibilidad o imposibilidad de impedir las consecuencias del suceso dañoso debe ponerse en relación con el grado de diligencia que deba prestarse** según el tenor de la obligación y que también corresponde a las circunstancias de las personas, el tiempo y el lugar (**sentencia de la Audiencia Provincial de Pontevedra n.º 515/2017, de 30 de octubre, ECLI:ES:APPO:2017:2216**).

A modo de ejemplo de exoneración de la responsabilidad por daños causados por animales podemos citar la **sentencia de la Audiencia Provincial de Castellón n.º 69/2005, de 30 de marzo, ECLI:ES:APCS:2005:316,** que exonera de la responsabilidad por fuerza mayor a los demandados por los daños causados por un rebaño de ovejas en la finca propiedad de los demandantes. En este caso el rebaño había sido robado en la finca de los demandados tras forzar la puerta trasera, el candado y la cadena:

> «En el mismo orden de cosas es de hacer constar que se equivoca el recurrente al argumentar que dicho supuesto no puede constituir la excepción a la responsabilidad que establece el art. 1905 del Código Civil, y ello por cuanto el concepto de fuerza mayor en relación con dicho precepto debe ser esntendido (Sts. 15-3-82, 26-1-72, 30-9-83, 12-4-84, 26-1-86,

y doctrina cientifica, Comentarios C.Civil D.Jose Pedro) **como aconteci-miento extraño al normal desenvolvimiento de la actuación de un dueño respecto a su animal; y cita como ejemplo la rotura de sus cadenas por la acción violenta y racionalmente imprevisible de un tercero, o por un fenómeno de la naturaleza,** criterio que comparte la Sala además cuando ha quedado probado que los demandados tienen su finca vallada, extremo que por el contrario no ha quedado acreditado en autos respecto de la finca de los actores».

CUESTIÓN

¿En qué se diferencia la fuerza mayor de un caso fortuito?

El caso fortuito es un suceso no previsible que, de llegarse a prever, no es abso-lutamente insuperable o inevitable, lo que lo diferencia de la fuerza mayor, en el que aun pudiendo preverse no se hubiera podido evitar.

En nuestro ordenamiento jurídico no se contempla un concepto claro de fuer-za mayor diferenciando la misma de lo que es un caso fortuito, sin embargo, los tribunales han ido matizando la diferencia entre las dos figuras. Así, se ha venido señalando, tal y como nos indica la **sentencia de la Audiencia Provincial de Alme-ría n.º 1277/2022, de 22 de noviembre, ECLI:ES:APAL:2022:1003**: «(...) si bien ciertamente fuerza mayor y caso fortuito obedecen a fenómenos imprevisibles o irresistibles, sin embargo son elementos que diferencian la fuerza mayor del caso fortuito, por una parte, la evitabilidad mediante la previsión de uno y otro, de forma que concurre un supuesto de fuerza mayor cuando existe un obstáculo en cualquier caso invencible, aún habiéndolo previsto, concurriendo un supuesto de caso fortuito cuando aparece un impedimento no previsible usando una diligencia normal, pero que desde luego no es absolutamente insuperable, de forma que si se hubiera pre-visto pudiera haberse evitado, siendo otra de las notas características o elementos diferenciadores de la fuerza mayor en relación con el caso fortuito lo que se denomi-na "criterio de la producción de un hecho", de acuerdo con el cual la fuerza mayor constituye un evento extraño al círculo o ámbito de la actividad de que se trata, en la que irrumpe como un obstáculo externo, y por el contrario, el caso fortuito se produce en el ámbito o esfera interna de la propia actividad».

Culpa exclusiva de la víctima

La **culpa exclusiva de la víctima** es una de las **causas que exoneran de responsabilidad civil**, pues con ella se produce la ruptura del nexo causal, lo que se traduce en que la víctima sea la única responsable de los daños producidos.

Así, un ejemplo de culpa exclusiva de la víctima lo encontramos en la **sentencia del Tribunal Supremo n.º 1384/2007, de 20 de diciembre, ECLI:ES:TS:2007:8274.** Se consideró que la situación en la que se colocó el perjudicado fue extremadamente peligrosa y que este era consciente del peligro que entrañaba su acción. En este caso, el perjudicado decidió por su cuenta acercarse a unos tigres e introducir un brazo en la jaula para darles de beber, sin contar con la autorización previa y sorteando las medidas de seguridad existentes. La sala concluyó que se trataba de un supuesto de culpa exclusiva de la víctima, que originó el accidente y sus consecuencias lesivas.

Otro ejemplo, de culpa exclusiva de la víctima, son las lesiones e incidentes ocurridos en festejos taurinos, como los encierros o las capeas, así lo señala la **Audiencia Provincial de Valencia en su sentencia n.º 124/2004, de 2 de marzo, ECLI:ES:APV:2004:883**, en la que el actor demanda a la comisión de fiestas como responsable de las lesiones que se realizó como consecuencia de una caída durante un encierro taurino.

Así, reza la referida sentencia:

> «Pero dicho lo anterior, lo que no compartimos en la conclusión jurídica a que llega la sentencia, al aplicar el art. 1902 a los hechos probados. Y así respecto a la causa de la caída del actor entendemos que no se debió ni a la existencia de obstáculo alguno, deficiente colocación de las barreras o actuación negligente de la Comisión de Fiestas. El actor, como hicieron otras personas, al avistar la vaquilla subió a la barrera, y una vez allí se cayó al suelo, pasando entonces por debajo de la barrera a su interior, sin que la vaquilla que se aproximó al lugar le hiciese nada. Se trata de una caída que o bien fue casual o debida exclusivamente a que el actor no se sujetó bien al subir a la barrera o sufrió algún empujón por alguna otra de las personas que también subieron. Y por tanto el resultado de las lesiones producidas por la referida caída debe ser soportado exclusivamente por el mismo. El actor, de 58 años de edad y vecino de Moixent era perfectamente conocedor del espectáculo, y sabía de los riesgos que podía reportar el esperar hasta el último momento para subirse a la barrera, y bien pudo colocarse en ella anticipadamente como otras personas. Fue su precipitación al subir a la barrera, y su falta de sujeción bastante por su parte lo que le hizo resbalar y caerse al suelo.
>
> No existe ninguna prueba que acredite la existencia de algún obstáculo de tal naturaleza y tamaño que supusiese una anomalía evidente en el estado de la barrera o del recinto, que debía haber sido suprimida por los responsables de su mantenimiento, y que fuese susceptible por sí mismo de suponer un auténtico obstáculo, dificultad o anomalía para el desarrollo del festejo. Es decir no se aprecia la existencia acreditada de algún obstáculo o incidencia que debiera haber sido prevista por los organizadoras hasta el punto de generar para ellos su omisión la responsabilidad que se pretende. En todo caso el actor antes de iniciar su estancia en el lugar, situándose junto a la barrera, sin duda se percató del estado de la misma y del recinto, todo correcto, así como de la gente que al igual que el mismo allí esperaba el avistamiento de los toros, para o bien correr delante de ellos o bien subirse a la barrera. En definitiva estimamos que la caída fue del todo casual o por la propia culpa del actor y no puede atribuirse la misma a los organizadores del festejo».

CUESTIÓN

¿Existe culpa exclusiva de la víctima por el hecho de entrar en una vivienda sin avisar y recibir una mordedura de un perro?

No, de acuerdo con la sentencia de la **Audiencia Provincial de Barcelona n.º 54/2018, de 6 de febrero, ECLI:ES:APB:2018:724**, que aborda la responsabilidad por las lesiones causadas a la actora por la mordedura de un perro. En el análisis de los hechos se establece que la actora entró en el jardín del demandado sin permiso, pero no se demostró que provocara al perro o efectuara algún acto que determinará la pequeña agresión.

En definitiva, ¿podría, por ejemplo, el propietario de un perro exonerarse de la responsabilidad alegando culpa exclusiva de la víctima? Sí, pues si tenemos en cuenta el artículo 1905 del CC, este establece que el poseedor de un animal es responsable de los daños que este cause, salvo que el daño provenga de fuerza mayor o de culpa del perjudicado.

Por ejemplo, imaginemos que una persona está paseando su perro en un parque público, en un momento dado, otro perro, que está suelto y sin supervisión, se acerca y comienza a interactuar con él, acabando ambos enzarzados en una pelea, y que, en un intento de intentar separarlos, el dueño del perro que iba paseando atado por una correa resulta mordido por el perro que iba suelto. En este caso, **el propietario del perro que paseaba suelto sin correa podría intentar exonerarse de responsabilidad alegando que la persona que resultó mordida actuó de manera imprudente al intentar separar a los perros, manifestando, por lo tanto, la culpa exclusiva de la víctima.** Si bien, para que esta alegación prospere, el propietario del perro suelto tendría que demostrar que la acción de la otra persona fue la causa eficiente y adecuada del daño sufrido, eliminando así la atribución de responsabilidad al poseedor del animal.

Por último, otro ejemplo que traeremos a colación es la **sentencia de la Audiencia Provincial de Teruel n.º 36/2000, de 4 de marzo, ECLI:ES:AP-TE:2000:63**, en la que no se puede probar de manera clara e indiscutible que el animal, en este caso un perro, haya causado directamente las lesiones al actor, pues el referido can no lo llego a tocar en ningún momento. El demandante se cayó al suelo debido al susto que le produjeron los ladridos del perro guardián, que al escucharlos retrocedió y cayó al suelo.

En esta sentencia **se resalta que el actor no actuó con la debida diligencia, ya que la presencia del perro guardián estaba señalizada con un cartel que advertía sobre la presencia del mismo,** por lo que si prestara atención a dicha advertencia podría haber tomado precauciones y evitado de esta manera acercarse al recinto. Por lo que, la caída y las lesiones, en este caso, se atribuyen a una conducta imprudente por parte de la víctima.

En la **resolución se hace una interesante comparación entre el caso enjuiciado con el de un peatón que cruza una calle sin precaución y se asusta al escuchar el claxon de un coche, cayendo y lesionándose.** En ambos casos, la responsabilidad de las lesiones recae en la víctima por su imprudencia.

Por lo tanto, en el caso enjuiciado, el propietario del perro ha tomado las precauciones necesarias para que el animal causara daño, como es, mantenerlo atado con una cadena y colocar un cartel de advertencia visible.

En conclusión, **la responsabilidad objetiva del propietario del perro cede ante la culpa exclusiva de la víctima.**

5.
CONCURRENCIA DE CULPA. PLURALIDAD DE SUJETOS RESPONSABLES

Un ejemplo práctico de esta doctrina se encuentra en la **sentencia de la Audiencia Provincial de Valencia n.º 127/2022, de 25 de marzo, ECLI:ES:APV:2022:1616**, donde se discutió la **concurrencia de culpas en un caso de mordedura de perro**. En este caso, la actora asumió el riesgo al interactuar con un perro potencialmente peligroso, lo que llevó al tribunal a considerar la culpa concurrente y a ajustar la responsabilidad en consecuencia.

Así, como ya se ha indicado en puntos anteriores, para que el poseedor quede exonerado de responsabilidad civil por el daño causado por el animal, **tendría que acreditar que el daño proviene de fuerza mayor o de culpa del que lo hubiese sufrido, pero, si además, concurre culpa o negligencia por parte del poseedor del animal, tendrá que apreciarse una concurrencia de comportamientos causales respecto del resultado dañoso para que se produzca una rebaja de la cuantía indemnizatoria, y cada parte se hará cargo de la cuantía indemnizatoria proporcional a la contribución de su comportamiento culposo a la causación del daño.**

A modo de ejemplo, podemos traer a colación la **sentencia de la Audiencia Provincial de Madrid n.º 303/2011, de 14 de junio, ECLI:ES:APM:2011:8544**, en la que se analiza la **responsabilidad de una madre de una niña a la que un perro de raza peligrosa le ha mordido y la de los poseedores de dicho perro**. En la referida sentencia la madre de la menor es considerada responsable por permitir que su hija de dos años entrara en el jardín de los demandados y propietarios del perro, a pesar de ser consciente del peligro y de poder haberlo evitado.

Por otro lado, se examina la negligencia de los poseedores del animal, considerado potencialmente peligroso, ya que se requiere que estos animales cumplan con ciertas medidas de seguridad, como el uso de correa y bozal.

El **artículo 2 de la Ley 50/1999, de 23 de diciembre**, dispone:

> «1. Con carácter genérico, se consideran animales potencialmente peligrosos todos los que, perteneciendo a la fauna salvaje, siendo utilizados como animales domésticos, o de compañía, con independencia de

su agresividad, pertenecen a especies o razas que tengan capacidad de causar la muerte o lesiones a las personas o a otros animales y daños a las cosas».

En resumen, la resolución concluye que tanto la madre de la niña agredida por el perro como los poseedores de este —de raza potencialmente peligroso— incurrieron en negligencia. **La madre por no impedir que su hija accediera a un área peligrosa y los poseedores del animal por no tomar las medidas necesarias para controlar a un perro potencialmente peligroso.**

Otro ejemplo similar al anterior se encuentra en la **sentencia del Tribunal Supremo n.º 848/2007, de 12 de julio, ECLI:ES:TS:2007:5039,** en la se describe el caso de un operario que vuelve (tras haber estado a la mañana) a la casa de una clienta para finalizar con la reparación de un electrodoméstico, y fue atacado por su perro cuando accedía por la finca para llegar a la vivienda, «(...) se adentró en la finca que tenía que atravesar para llegar a la vivienda, toda vez que el portalón de acceso no se lo impidió, y en ese momento fue atacado por el perro de la casa, siendo el causante de las graves lesiones que padeció (traumatismo craneo-encefálico, grandes destrozos en el tercio inferior de la pierna derecha y otras), que determinaron que hubiera de sufrir amputación del tercio medio de la pierna lesionada». El Alto Tribunal entiende que la demandada tenía conocimiento de la situación (de que el operario iba a volver) y debía haber tomado medidas para que el perro no estuviera suelto.

Por su parte, el operario, como ya había estado a la mañana en la vivienda y no había surgido ningún problema con el animal (siendo conocedor de su existencia) «aceptó voluntariamente una situación de riesgo que le resultaba suficientemente conocida, (...) y que vino a asumir al llevar a cabo el tránsito por la finca sin cercionarse de que el animal no podía atacarle, ni avisar de su presencia a los dueños, habiendo tenido lugar la entrada cuando la propietaria estaba dentro de la casa y sin haber obtenido respuesta de la misma que le autorizase el libre acceso al interior».

Por ello, el Supremo entiende que se está ante un **caso de riesgos concurrentes y culpas plurales.**

> «Efectivamente el retorno por la tarde tuvo lugar y fué cuando ocurrió el accidente, por lo que la conclusión lógica que se impone es que si la demandada tenía pleno conocimiento de tal situación, es decir que se presentaba como hecho cierto y notorio que el operario había de volver, debió de adoptar las precauciones que se imponían necesarias, y tomar las medidas precisas para que el perro no anduviera suelto, lo que indudablemente no llevó a cabo, como lo acredita el resultado dañoso ocasionado. Al tiempo se creó en el recurrente razonable confianza, ya que el portalón no estaba cerrado, de que el tránsito por la finca no representaba ningún peligro.
>
> En todo caso, la entrada tampoco se produjo contra la expresa voluntad de la dueña, que la había otorgado al permitir la reanudación de los trabajos por la tarde y dejar abierta la puerta de acceso.
>
> Por lo tanto se trata de riesgos concurrentes y culpas plurales, ya que a lo que queda dicho ha de añadirse que la irrupción en la finca por el actor, correspondía a una actuación programada de antemano y convenida con

la propietaria y ésta debió de facilitar en todo momento un tránsito seguro y evitar situaciones sorpresivas como la que tuvo lugar por el ataque inesperado del animal.

(...)

En el caso presente, al tratarse de culpas concurrentes con la producción del daño, en atención a lo que se deja estudiado, la jurisprudencia tiene declarado que debe compensarse la cuantía económica de las responsabilidades que se produce al liquidar las consecuencias del evento dañoso (sentencias de 25-4-1988 y 16-1-1991). en atención al grado y naturaleza de las diversas responsabilidades, por lo que resulta procedente la distribución del "quantum" con la consideración, prudencia y equidad mas conveniente (...)».

También es interesante traer a colación la **sentencia de la Audiencia Provincial de Badajoz n.º 171/2017, de 1 de septiembre, ECLI:ES:APBA:2017:771,** en la que se analiza un incidente en el que un rebaño de ovejas, al amanecer, cruza una cañada señalizada en una larga recta y provocan un accidente. Se discute la responsabilidad del pastor y del conductor del vehículo.

La sentencia entiende que el pastor tuvo culpa por su descuidado manejo del rebaño, las ovejas cruzaron por el paso habilitado y con cierta luminosidad. Por otro lado, el conductor del vehículo también tuvo culpa ya que debía de ser consciente que los animales podían irrumpir en la calzada en ese punto. Así, la sentencia concluye que hay concurrencia de culpas, asignando la responsabilidad a partes iguales.

Otra sentencia altamente ilustrativa al respecto es la **sentencia de la Audiencia Provincial de Madrid n.º 610/2016, de 1 de diciembre, ECLI:ES:APM:2016:16670,** en la que se analiza la responsabilidad en un caso en el que dos personas pasean por un descampado con sus perros, ambos sin correa y sin bozal, y los canes se enzarzan en una pelea de la que sus dueños fueron a separarlos, y en ese momento el perro del demandado mordió al demandante causándole diversas lesiones.

Así, en este caso la referida sentencia reza lo siguiente:

«En la sentencia de instancia se entiende que en la producción de las lesiones intervino también la culpa o negligencia del ahora apelante, puesto que le hecho de llevar por la vía pública el perro de su propiedad suelto y sin bozal, fue también una causa de la que se produjo la pelea entre los perros, razón y causa eficiente de la pelea que se produjo entre ellos, y que el perro del demandado y ahora apelado le mordiera cuando los estaban separando, debiendo entenderse por lo tanto que la sentencia apelada ha procedido a una correcta valoración de la prueba».

Un caso muy similar al anterior lo encontramos en la **sentencia de la Audiencia Provincial de Madrid n.º 332/2015, de 13 de octubre, ECLI:ES:APM:2015:15082:**

«(...) es que en la producción del resultado concurrió causalmente la conducta del demandante, pues es evidente que una vez que ambos perros se habían enzarzado entre ellos en una disputa entre canes, el demandante procedió a intentar separarles introduciendo una pierna entre ambos perros que en ese momento estaban mordiéndose, actuación que sin duda contribuyó causalmente a la producción del daño, y que sin poder anular la conducta culpable del propietario del otro perro, quien en cualquier caso no puso los medios a su alcance para evitar que el mismo acometiera al otro perro y disputase con él, no cabe duda que no puede reprocharse culpabilísticamente al demandado de la totalidad de la producción del resultado dañoso, pues es evidente que a ello contribuyó la actuación del demandante introduciendo una pierna entre ambos perros, lo que resulta una actuación poco diligente para evitar que ambos perros continuasen peleándose, pudiendo haber utilizado otros medios para separar a su perro y no introducir la pierna entre ellos, contribuyendo de manera causal a la producción del daño. Y en caso de concurrencia de conductas es obligado discernir la causa predominante con el fin de declarar la responsabilidad total o compartida que pudiera haberse irrogado cuando concurren a la producción del daño la culpa de la víctima y la de otro agente, en cuyo caso es facultad de los Tribunales moderar el «quantum» indemnizatorio en función del grado de participación imputable a cada uno de ellos (Sentencias del Tribunal Supremo de 17-5-1994, 19-12-1995 y 25-9-1996, entre otras). En el caso presente y a la vista de los datos fácticos obrantes en la causa es procedente distribuir la responsabilidad en un 50% entre ambos litigantes, lo que lleva como consecuencia la minoración en la misma proporción de la indemnización solicitada».

CUESTIÓN

A una persona le roban su perro. Mientras el animal estuvo bajo la posesión del ladrón mordió a una persona en la calle causándole diferentes lesiones. ¿Quién será responsable de las lesiones causadas por el animal robado?

En el caso específico del robo de animales, la concurrencia de culpas puede surgir en situaciones donde tanto el autor del robo como el propietario del animal han actuado de manera negligente. Por ejemplo, si el propietario no ha tomado las medidas de seguridad adecuadas para proteger a sus animales y estos son robados, podría considerarse que existe una concurrencia de culpas.

6.
LA RESPONSABILIDAD DERIVADA DE DAÑOS DE LOS ANIMALES: CASUÍSTICA

La responsabilidad derivada de daños que causen los animales es un supuesto claro de responsabilidad objetiva que no depende de la culpa y que exige la relación causal entre el daño y el riesgo derivado del animal. En este sentido, la **sentencia del Tribunal Supremo n.° 397/2000, de 12 de abril, ECLI:ES:TS:2000:3077**, citada por otras más recientes como la **sentencia de la Audiencia Provincial de Barcelona n.° 29/2024, de 26 de enero, ECLI:ES:APB:2024:405**, señala:

> «El Código Civil español no distingue la clase de animales y su artículo 1905, como tiene establecido la jurisprudencia de esta Sala, constituye uno de los escasos supuestos claros de responsabilidad objetiva admitidos en nuestro Ordenamiento Jurídico (Ss. de 3-4-1957, 26-1-1972, 15-3-1982, 31-12-1992 y 10-7-1995), al proceder del comportamiento agresivo del animal que se traduce en la causación de efectivos daños, exigiendo el precepto sólo causalidad material».

Dada la importancia de los animales en la vida cotidiana a lo largo de la historia y la evolución de las relaciones existentes entre aquellos y el ser humano, la responsabilidad derivada de las actuaciones de los animales ha adquirido una gran trascendencia práctica en distintos ámbitos. A continuación, analizaremos algunos supuestos relacionados con los daños que los animales pueden causar en distintas situaciones y la atribución de la responsabilidad derivada de ellos.

6.1. Daños derivados de accidentes con animales en carreteras

A la hora de examinar los casos de responsabilidad por daños causados por los animales en relación con la circulación por carretera es necesario distinguir dos grupos de supuestos según el tipo de vía de que se trate: carreteras convencionales o autopistas.

Carreteras convencionales

¿Qué sucede en el caso de animales que incurren en una carretera convencional y causan un accidente? ¿A quién se atribuye responsabilidad por los daños causados? Para responder a estas cuestiones podemos citar, a título ilustrativo, los siguientes supuestos.

> **Accidente causado por dos caballos que salen de la finca donde se encuentran custodiados; sentencia de la Audiencia Provincial de Huelva n.º 78/2022, de 14 de febrero, ECLI:ES:APH:2022:35**

En esta sentencia se plantea el caso de dos caballos que se escapan de una finca e irrumpen inesperadamente en la calzada provocando un accidente de tráfico sin que la conductora pudiese evitarlo. El propietario de los animales alega la posible concurrencia de un robo en su finca provocando un daño en el sistema de cierre de la misma, lo cual motiva la salida de los equinos.

Pues bien, se trata de un **supuesto de responsabilidad objetiva** bastando que un animal cause perjuicio para que nazca la responsabilidad del dueño y que este solo puede exonerarse de la misma si concurre fuerza mayor o culpa de la víctima.

Alegado en este caso el intento de robo en la finca en la que estaban custodiados los animales, podría entenderse el mismo como **caso de fuerza mayor** derivado de la intervención de terceros, no obstante, este argumento debe rechazarse en tanto no queda acreditado el intento de robo:

> «(...) la yegua se había salido del cercado en el que estaba custodiada quedando suelta y sin protección hasta ocurrió el accidente, **sin que haya prueba alguna de que el lugar de la finca donde estaban los dos** équidos **propiedad del demandado sufriera un intento de robo** resultando dañada la alambrada y la puerta de acceso a la finca, saliendo los animales del cercado y sin control, (...) que respecto de las personas implicadas en el accidente, tanto conductora como propietario del vehículo y propietario de los animales, ninguna diligencia por robo constaba en la finca en cuestión por intervención de la Guardia Civil, (...). Por lo tanto y a la vista de lo expuesto no podemos mantener que hubiera existido fuerza mayor que impida la responsabilidad del dueño de la yegua en la producción del accidente a la vista de lo dispuesto en el art. 1105 y 1905 del CC».

En lo que se refiere a la **culpa de la víctima**, se alegaba que la misma circulaba de noche y sin luces, si bien este hecho tampoco resulta acreditado, de modo que, tampoco puede aplicarse dicha causa de exoneración y así lo declara la sentencia:

> «(...) es causa que también debe rechazarse, puesto que en el atestado levantado por la GCT, es claro que queda marcada la casilla de que el alumbrado estaba accionado, lo que se corrobora con la declaración del testigo sr. Roque, (...) al manifestar que llamó a la Guardia Civil y que el vehículo tenía luces, cosa que por otra parte no puede negarse, ya que no tiene ninguna lógica que un vehículo pueda circular con normalidad de noche y sin alumbrado en una carretera convencional (...)».

Por lo tanto, en el caso que nos ocupa la **responsabilidad por los daños causados por los equinos recae sobre el propietario de los mismos.**

Otros supuestos similares se recogen en la **sentencia del Juzgado de Primera Instancia de Navarra n.º 377/2022, de 8 de noviembre, ECLI:ES:-JPI:2022:2410,** respecto de los daños causados en un vehículo por un rebaño de ovejas, y en la **sentencia de la Audiencia Provincial de Tarragona n.º 149/2017, de 5 de abril, ECLI:ES:APT:2017:406,** sobre un caso de un caballo que irrumpe en una carretera provocando un accidente.

Accidente ocasionado por una cabra: responsabilidad solidaria del conductor y la aseguradora; sentencia de la Audiencia Provincial de Almería n.º 1277/2022, de 22 de noviembre, ECLI:ES:APAL:2022:1003

En esta sentencia se plantea un caso similar al anterior, pues una cabra irrumpe en una carretera convencional provocando un accidente en el que resulta lesionada la conductora. No obstante, en este supuesto no consta quién es el propietario del animal.

Pues bien, esta última apreciación es lo que motiva que se resuelva de modo diferente al caso planteado respecto de los equinos.

Se considera este supuesto como ejemplo de **caso fortuito**, toda vez que «(...) siendo un suceso no previsible, **de llegarse a prever, no era absolutamente insuperable o inevitable** (lo que lo diferencia de la fuerza mayor, en el que aun pudiendo preverse no se hubiera podido evitar). Y el paso de un animal por una carretera es un evento previsible, y que sucede con relativa frecuencia hasta el punto de que existe señalización vertical de tráfico que lo advierte en numerosos puntos del trazado vial».

No se trata de la concurrencia de una causa de exoneración de la responsabilidad, de modo que:

> «(...) la sentencia sin descartar la posible responsabilidad del dueño de la cabra (si la tuviera o pudiera concretarse) **hace recaer sobre el conductor y su aseguradora la responsabilidad por daños personales, como primera y principal fuente de riesgo creado al conducir un vehículo; sin perjuicio de la posibilidad de posterior acción de repetición frente al dueño del animal** (artículo 1905 CC). Este derecho de repetición se basa una futura e hipotetica responsabilidad pendiente de concretar (no se sabe si el animal tiene o ha tenido dueño, ni quien es)
>
> (...) la irrupción de animales en carreteras o autovías, son hechos posibles y previsibles, que suceden con relativa frecuencia. Y el lugar donde se produce el accidente, es una carretera nacional a su paso por una pequeña población, Tabernas. (...) Es decir que se trata de un supuesto de caso fortuito que no excluye la responsabilidad objetiva por riesgo cuando se trata de daños personales de perjudicados terceros por razón de la circulación de vehículos a motor. Y en suma, un hecho del que **resulta la responsabilidad civil del conductor y su aseguradora en regimen de solidaridad**».

En definitiva, la **responsabilidad, en este caso, se atribuye a la conducto-ra y a su aseguradora solidariamente** y ello sin perjuicio de que se pueda repetir contra el dueño del animal si llega a determinarse quién es.

|| Accidentes causados por perros sueltos

En los casos en que un perro ocasione un accidente de circulación con los correspondientes daños personales y materiales que pueda causar, la **regla general es atribuir la responsabilidad de los hechos al poseedor del mismo o al que se sirve de él,** como así lo recoge el artículo 1905 del CC. A conti-nuación, se examinan, a título de ejemplo, algunas sentencias que reflejan dicha situación.

En primer lugar, la **sentencia de la Audiencia Provincial de Alicante n.º 98/2022, de 15 de marzo, ECLI:ES:APA:2022:359,** plantea el caso de un accidente de tráfico provocado por un perro que se cruza en la carretera, con **condena de la dueña del animal y en la que la compañía aseguradora resulta** absuelta. Así señala la sentencia que:

> «En este supuesto la responsabilidad que se estudia, sin caso fortuito ni fuerza mayor, no permite más que confirmar la sentencia. El demandante ha cumplido con la carga probatoria, puesto que ha presentado los docu-mentos y los testimonios de la Guardia Civil de Tráfico que acudió al lugar del siniestro y allí verificaron los agentes cómo había quedado la motoci-cleta, en qué situación dañosa se encontraba el demandante, la presencia del animal suelto, en este caso un perro propiedad de la demandada y la confirmación de que la demandada era el titular del animal según se de-duce de la lectura del microchip y que este, fue el que provocó el siniestro (...)».

En sentido **contrario** a la responsabilidad del dueño del animal se pronun-cia la **sentencia de la Audiencia Provincial de A Coruña n.º 65/2021, de 2 de marzo, ECLI:ES:APC:2021:396.** La misma recoge el caso de dos personas que circulan en un quad propiedad de uno de ellos. Los demandantes alegan que el vehículo vuelca como consecuencia de una maniobra de evasión de un perro que invade la calzada y se interpone en la trayectoria del mismo, pretendiendo que responda de los daños el dueño del animal en base a la responsabilidad objetiva del artículo 1905 del CC. El aspecto de la respon-sabilidad debatido en este caso es el relativo a la existencia de relación de causalidad entre los daños sufridos como consecuencia del accidente y la supuesta invasión de la vía por el perro. Se entiende que **no queda acredi-tada dicha relación de causalidad,** pues del resultado probatorio practicado resulta que:

> «(...) la pérdida de control del vehículo tipo QUAD conducido por el demandante, y ocupado indebidamente por otra persona más, que provocó el vuelco del mismo, si bien permite apreciar la existencia de circunstancias en el accidente litigioso reveladoras de una presumible actuación culposa o descuidada por parte del actor, por el hecho de circular sin la diligencia y precaución necesarias, exigidas por las cir-

cunstancias de la vía y las peculiares características del vehículo que pilotaba, que se presenta como suficiente para establecer una conexión causal material y relevante, con influencia decisiva y no meramente secundaria, en la producción del resultado dañoso, **no acredita de modo concluyente que dicha pérdida de control obedeciese al intento de eludir mediante una brusca maniobra evasiva el atropello del perro del demandado, ni que, aún supuesta la presencia del animal en la calzada, el demandante no pudiera haber frenado la marcha o mantenido el control de la conducción, de circular con el cuidado, atención y velocidad adecuadas** (...)».

Por todo ello, se desestima el recurso planteado no atribuyéndose responsabilidad al dueño del perro en este caso.

Otro supuesto relevante es el contemplado en la **sentencia de la Audiencia Provincial de Barcelona n.º 107/2022, de 17 de marzo, ECLI:ES:APB:2022:2539**. En este caso, resulta llamativo el hecho de que **la persona que va paseando al perro alega que lo tiene en acogida temporal siendo propietario el centro de acogida** del que procede y pretende que sea este el responsable de los daños causados en el accidente, tanto en la motocicleta como a su conductora.

Entonces **¿quién responde de los daños en este caso?** En base a la responsabilidad objetiva por daños derivados de animales ha de responder el poseedor del animal o el que se sirve de él que en este caso será la demandada/recurrente ya que indica que lo tenía acogido temporalmente y es a ella a quien se le escapa. Así declara la sentencia que:

> «Ello ha motivado que no resulte de aplicación el art. 1905 CC a quien resulta ser un simple servidor de la posesión del dueño, que no usa el animal para sí sino para él, de acuerdo con sus instrucciones (STS 2.11.2004).
> Tampoco se ha hecho operativo en casos de simple detentación pasajera y efímera del animal.
> En este caso, la demandada indica que tenía al perro temporalmente y acogido temporalmente por 15 días.
> Esta manifestación pone de manifiesto que **la detentación del perro iba mas allá de lo efímero** (el caso mas manifiesto es aquel en que se encomendare a una persona su cuidado unos momentos y mientras el responsable atiende a otras cuestiones), hasta el punto de poderse entender que **si bien limitado en el tiempo, la Sra Covadonga si tenía al tiempo de producirse los hechos una situación de control de hecho de 'Bucanero'** (y con ello de responsabilidad por lo que el mismo pudiere hacer)».

En definitiva, no resultando probados los aspectos alegados que pudieran atribuir culpa a la víctima y por tanto exonerar de responsabilidad a la poseedora del animal en el momento de los hechos, ha de ser esta la que asuma la responsabilidad. Desestimándose, asimismo, las pretensiones de que se declare la falta de legitimación pasiva de la recurrente y de que se aprecie una situación de falta de litisconsorcio pasivo necesario al no haberse demandado también a la propietaria del animal.

Incursión de jabalí en una carretera convencional: ¿Existe obligación de vallar este tipo de vías? ¿Quién responde en este caso?

Como ejemplo de este supuesto cabe citar la **sentencia del Juzgado de lo Contencioso-Administrativo de Murcia n.º 71/2020, de 6 de marzo, ECLI:ES:JCA:2020:1073**. En ella se analiza la **responsabilidad patrimonial de la Administración** por daños sufridos por un accidente de tráfico causado por la irrupción de un jabalí en una carretera convencional. La aseguradora del vehículo abonó los gastos de su reparación y procede a reclamarlos a la Administración ya que considera que la misma no ha adoptado las medidas necesarias para garantizar la seguridad de la vía mediante la **instalación de vallado y la señalización del paso de animales**.

La Administración se opuso por entender que «(...) **no existe nexo causal entre la prestación del servicio público y el resultado dañoso**, puesto que no se ha acreditado que se haya producido un funcionamiento anormal del servicio público de conservación de carreteras, tratándose de una carretera convencional, donde no es exigible la existencia de vallado, y no resultaba necesaria señal alguna de paso de animales en libertad».

La sentencia que estamos examinando hace referencia a la jurisprudencia del Tribunal Supremo, en concreto a la **STS rec. 1662/1994, de 5 de junio de 1998, ECLI:ES:TS:1998:8630**, conforme a la cual:

> «La **prestación por la Administración de un determinado servicio público y la titularidad por parte de aquella** de la infraestructura material para su prestación **no implica** que el vigente sistema de responsabilidad patrimonial objetiva de las **Administraciones Públicas convierta a estas en aseguradoras universales de todos los riesgos** con el fin de prevenir cualquier eventualidad desfavorable o dañosa para los administrados que pueda producirse con independencia del actuar administrativo (...)».

Pues bien, en el caso que nos ocupa se plantea si la Administración es responsable por no haber vallado la carretera y señalizado debidamente el paso de animales por la misma. En este sentido declara que:

> «(...) la presente sentencia debe estimar la demanda. La RM-11 es una carretera con dos carriles. Por su configuración física podría ser una autovía, pero no está catalogada como tal. Se clasifica como **carretera convencional. No obstante, su configuración como vía rápida con dos carriles exige un plus al adoptar precauciones frente a la invasión de animales**».

Y añade:

> «(...) estamos ante una vía rápida, con dos carriles, donde se puede circular a 100km/h, de modo que la irrupción de animales en libertad pueda causar accidentes de nefastas consecuencias. **Es obligado, cuando menos, colocar la señal P-24 en cuantos tramos sea necesaria, advirtiendo del potencial peligro**».

En definitiva, se estima la demanda declarando la responsabilidad de la Administración y se la condena a abonar la indemnización más los intereses legales que correspondan.

Autopistas y autovías

Visto lo que ocurre en supuestos de accidentes acaecidos en carreteras convencionales, cabe hacer un análisis específico de aquellos casos en que los accidentes tienen lugar en autopistas o autovías. En estos casos ¿quién es responsable de los daños? ¿Puede tener responsabilidad la concesionaria? Vamos a responder a estas cuestiones analizando algunos supuestos prácticos.

La **sentencia de la Audiencia Provincial de Málaga n.º 305/2014, de 30 de junio, ECLI:ES:APMA:2014:1088,** contempla un ejemplo claro de la solución dada en este tipo de casos. En ellos la **regla general es atribuir responsabilidad a la concesionaria por los daños causados como consecuencia de un accidente provocado por la irrupción de un animal en la vía.**

Esto se entiende así ya que es generalmente declarado que en las autopistas la concesionaria tiene el deber de adoptar todas aquellas medidas que sean necesarias para evitar riesgos y garantizar la seguridad y rapidez de la circulación de los vehículos, esto se traduce, en su obligación de establecer las medidas pertinentes para evitar la irrupción de animales en la calzada que puedan alterar la seguridad de la circulación.

Por ello, en un caso como el planteado en la citada sentencia de accidente en una autopista por irrupción inesperada de un animal, se confirma la responsabilidad de la concesionaria desestimándose el recurso interpuesto por ella. Esto es así porque «(...) el sistema de seguridad con que contaba aquella, reflejado en el informe aportado, se ha demostrado insuficiente a los fines pretendidos, dado el accidente habido, es evidente que procede apreciar la responsabilidad de la entidad demandada en su causación».

En parecido sentido reza la **sentencia de la Audiencia Provincial de Málaga n.º 577/2015, de 19 de noviembre, ECLI:ES:APMA:2015:3029.** En ella se plantea un caso de accidente de circulación en una autopista en el que el vehículo accidentado pasa por encima de un jabalí que yacía en la carretera tras haber sido atropellado por otro vehículo.

Condenada la concesionaria en primera instancia plantea recurso alegando diferentes aspectos. En primer lugar, su **falta de legitimación pasiva** toda vez que entiende que es responsable el coto de caza colindante a la autopista del que puede provenir el animal. Al respecto declara la sentencia:

> «(...) "la posible **responsabilidad del titular de la vía o de la empresa encargada de su mantenimiento no es excluyente de la que se puede exigir al titular del aprovechamiento cinegético,** o, en su defecto, al propietario del terreno del que proviene la pieza de caza causante del daño, en el caso de que el accidente sea consecuencia directa de la acción de cazar o de una falta de diligencia en la conservación del terreno acotado. Se trata, por tanto, de **responsabilidades distintas, que provienen de diferentes acciones u omisiones, y que no son excluyentes, pues pueden confluir en régimen de solidaridad** (...)"».

En segundo lugar, alega que la **autopista estaba vallada correctamente y con la señalización adecuada,** esto, no obstante, resulta acreditada la irrupción del animal en ella y por tanto entiende el juez que resulta evidente que las medidas adoptadas no fueron lo suficientemente efectivas y adecuadas. Además, la concesionaria no acredita en modo alguno el haber agotado la diligencia exigible en relación con la evitación de los daños.

En tercer lugar, alegó **posible responsabilidad del conductor del vehículo accidentado** que actuase como causa de exoneración de responsabilidad de la concesionaria, si bien este punto no resulta acreditado de forma fehaciente y dado el contexto en el que se producen los hechos no puede estimarse la responsabilidad de la víctima.

Finalmente, también pone de manifiesto la **inexistencia de tiempo suficiente para adoptar las medidas pertinentes que evitasen los hechos y garantizasen la seguridad de la vía**, dada la inmediatez entre el atropello del primer vehículo y el accidente del demandante, respecto de lo cual señala la sentencia:

> «(...) convierte en altamente improbable la posibilidad de que el animal acabase de penetrar en el recinto de la autopista desde un ramal de acceso más allá de los diez kilómetros luego revisados, pues si así fuera es casi seguro que algún otro vehículo lo habría arrollado o detectado con anterioridad; y ello no permite descartar, por tanto, la posibilidad de que el jabalí llevara horas o días oculto en la zona de dominio (...) no se trata de imponer a la concesionaria la carga de la prueba de un hecho negativo, sino de exigir que se proporcione una explicación razonable de la presencia del animal salvaje de gran tamaño en un carril de circulación de la autopista en términos tales que excluyan la infracción de sus especiales deberes de diligencia (...)».

Por todo lo expuesto se desestima el recurso planteado y se confirma la condena a la concesionaria en primera instancia.

¿Qué ocurre en un caso en que el animal que entra en la autopista y causa el accidente es un perro identificado con microchip? ¿En estos casos también responde la concesionaria o por el contrario la responsabilidad se atribuye al dueño del animal? La respuesta a estas cuestiones se ve reflejada en la **sentencia de la Audiencia Provincial de Toledo n.º 574/2023, de 28 de junio, ECLI:ES:APTO:2023:911.**

Pues bien, ante un accidente de circulación en una autopista gestionada por la recurrente y que trae causa en la irrupción repentina de un perro en la calzada, la víctima conductora del vehículo siniestrado no pudo evitar el atropello reclamando a la concesionaria los daños ocasionados. Condenada la concesionaria, plantea recurso de apelación intentando desplazar la responsabilidad al dueño del animal perfectamente identificado en tanto es un perro con microchip y alegando que no existe, por su parte, negligencia alguna en el mantenimiento de la autopista ni desperfecto que permita la entrada del animal.

Respecto de este segundo aspecto declara la sentencia que:

> «(...) La doctrina de nuestras audiencias sobre la responsabilidad de las empresas encargadas de la explotación de autopistas de peaje como consecuencia de accidentes ocasionados por la irrupción de animales en la

calzada es abundantísima, y así señalábamos en nuestra sentencia de 21 de julio de 2009 que " es la concesionaria la que debe acreditar que ha empleado toda la diligencia posible para el caso dado (...)"».

Por tanto, sentada la **responsabilidad de la concesionaria** en este caso, se pronuncia el tribunal sobre la responsabilidad del dueño del perro perfectamente identificado en base al artículo 1905 del CC. En este punto declara que **no cabe eximir de responsabilidad a la concesionaria aun cuando consta quién es el propietario del animal** conforme al citado precepto, si bien **esto no obsta a que el mismo deba responder también** en un caso como este. Se trataría de una **responsabilidad solidaria** pudiendo el demandante dirigirse contra ambos o solo contra uno de ellos, sin perjuicio de su derecho a repetir contra el otro si lo considera oportuno.

Para terminar, puede citarse la **sentencia de la Audiencia Provincial de Valencia n.º 163/2003, de 10 de marzo, ECLI:ES:APV:2003:1560**, en la que se contempla un caso en que **responde de los daños causados el dueño del animal y no la concesionaria.** Se trata de un supuesto de entrada de un perro en una autopista por una acequia no vallada provocando un accidente. El dueño del animal indica que estaba paseando en las inmediaciones de la autopista y suelta al perro para que corra momento en el que el animal entra en la autopista sin que el demandante pueda preverlo. Señala la sentencia al respecto que:

«(...) el hecho de dejar suelto al perro para su esparcimiento fue de la exclusiva voluntad y responsabilidad del demandado, que era plenamente consciente de la proximidad de la calzada. La posterior introducción del perro en la acequia que la cruzaba fue responsabilidad suya, ya que podía perfectamente no haberlo dejado suelto, o bien haberlo vigilado, y percatarse de la existencia de la acequia y de su prolongación hasta la Autopista y haber evitado su introducción en ella. Es decir **el demandado pudo no solo prever los hechos sino incluso después de previstos evitarlos** (...)».

En definitiva, se atribuye la responsabilidad al dueño del perro en base al artículo 1905 del CC sin que pueda acogerse a ninguna causa de exoneración.

6.2. El supuesto especial de la caza

En cuanto a la responsabilidad por daños causados por especies cinegéticas deben tenerse en cuenta, sin perjuicio de la existencia de normas autonómicas al respecto, el artículo 1906 del CC y el artículo 33 de la Ley 1/1970, de 4 de abril, de caza.

Artículo 1906

«El **propietario de una heredad de caza responderá del daño causado por** ésta **en las fincas vecinas,** cuando no haya hecho lo necesario para impedir su multiplicación o cuando haya dificultado la acción de los dueños de dichas fincas para perseguirla».

Artículo 33 de la Ley 1/1970, de 4 de abril, de Caza

«Uno. Los **titulares de aprovechamientos cinegéticos** definidos en el artículo 6 de esta Ley, serán **responsables de los daños originados por las piezas de caza procedentes de los terrenos acotados.** Subsidiariamente, serán responsables los propietarios de los terrenos.

Dos. La **exacción** de estas responsabilidades se ajustará a las prescripciones de la **legislación civil ordinaria,** así como la **repetición de responsabilidad en los casos de solidaridad** derivados de acotados constituidos por asociación.

Tres. De los daños producidos por la **caza procedente de Refugios, Reservas Nacionales y Parques Nacionales y de los que ocasione la procedente de terrenos de caza controlada** responderán los titulares de los aprovechamientos de caza y subsidiariamente el Servicio de Pesca Continental, Caza y Parques Nacionales.

Cuatro. En aquellos casos en que la **producción agrícola forestal o ganadera de determinados predios** sea perjudicial por la caza, el Ministerio de Agricultura, a instancia de parte, podrá autorizar a los dueños de las fincas dañadas, y precisamente dentro de éstas, **a tomar medidas extraordinarias de carácter cinegético para proteger sus cultivos.**

Cinco. Todo **cazador** estará **obligado a indemnizar los daños que causare con motivo del ejercicio de la caza,** excepto cuando el hecho fuera debido únicamente a **culpa o negligencia del perjudicado o a fuerza mayor.**

En la caza con armas, **si no consta el autor** del daño causado a las personas, **responderán solidariamente todos los miembros de la partida de caza».**

De estos preceptos resulta que **la responsabilidad derivada de daños causados por especies cinegéticas es una responsabilidad objetiva** que prescinde de la culpa siendo, por tanto, responsables los titulares del aprovechamiento cinegético.

A título de ejemplo, cabe citar la **sentencia de la Audiencia Provincial de Madrid n.º 250/2020, de 22 de junio, ECLI:ES:APM:2020:632.** En ella se hace referencia a un supuesto en el que, por aplicación de los citados preceptos, se condena al titular de una explotación cinegética por los daños causados por animales de caza en la cosecha de un agricultor dentro del coto de caza. Planteado el recurso de apelación, la audiencia comparte el criterio sostenido en primera instancia respecto de la **responsabilidad objetiva del titular de la explotación cinegética** en base al artículo 1906 del CC y al artículo 33 de la Ley 1/1970, de 4 de abril, de caza, y señala:

«(...) **basta que un animal cause perjuicios para que nazca la responsabilidad objetiva,** sin requerirse la existencia de culpa o negligencia de éste, en cuanto la misma deriva del uso y explotación de los animales de caza, de los que se obtiene un lucro o un disfrute personal y en general un aprovechamiento legítimo, si bien al tratarse de una actividad susceptible de causar un riesgo a terceros, el titular de dicho aprovechamiento que se beneficia del mismo, debe responder por los eventuales daños que se produzcan por la acción de dichos animales, como contrapartida a la utilidad que obtiene del aprovechamiento de tal actividad».

Por otro lado, la audiencia **discrepa del criterio seguido en primera instancia en cuanto a la exoneración total de responsabilidad al agricultor** pues entiende que en su actuación cabe apreciar mala fe y que con su comportamiento contribuyó en parte al daño producido. Es decir, no puede atribuirse culpa exclusiva a la víctima para exonerar de responsabilidad al titular de la explotación cinegética, pero lo que sí se hace en segunda instancia es moderar esta última por la actuación del demandante:

> «(...) si bien el comportamiento del demandante no hubiera evitado la causación del daño, si podía haberlo aminorado, por lo que en tal sentido cabe apreciar concurrencia de causas que debe llevar a **moderar la responsabilidad del demandado** en la mitad de los daños causados».

Otro caso relevante es el de la **sentencia de la Audiencia Provincial de Palencia n.º 100/2014, de 27 de junio, ECLI:ES:APP:2014:223**. Los hechos que motivan esta sentencia derivan de un accidente de circulación ocasionado por la **invasión de un jabalí en una carretera cuyos terrenos limítrofes son terrenos vedados que a su vez limitan con terrenos de un coto de caza**. En primera instancia se desestimó la reclamación de indemnización de los daños por parte del titular del aprovechamiento cinegético argumentando que no existe conexión entre el tipo de animal que causa el accidente —un jabalí— y el aprovechamiento cinegético que se podía llevar a cabo en los terrenos del coto —caza menor—.

Dicha desestimación motiva el recurso de apelación que se resuelve en la citada sentencia, estimado el mismo por entender que resulta acreditado que el jabalí procede del coto y por tanto su titular es responsable de los daños que cause como consecuencia de la responsabilidad objetiva aplicable en estos casos. Además, no resultada acreditada culpa del conductor que sufre el accidente. Declara así la sentencia:

> «(...) En definitiva, **el hecho de que el accidente no se produzca como consecuencia de una acción de cazar**, entendida ésta desde una interpretación puramente gramatical, **no significa que los titulares del aprovechamiento cinegético no puedan ser declarados responsables de los daños y perjuicios ocasionados por el atropello de una especie cinegética, si la pieza se encuentra dentro de los límites del coto y si es cazable**, aunque sea con el correspondiente permiso administrativo, pues su responsabilidad trae causa directa del uso y disfrute del aprovechamiento de la caza. **Lo contrario supondría que de una situación tan anómala como es que un jabalí se encuentre en una carretera y cause un accidente** de tráfico **nadie debería responder.** Desde luego, a quien **no podemos hacer responsable es al conductor** que, conduciendo con precaución y con observancia de las normas de tráfico, se ve sorprendido por un jabalí que, en los términos de un coto de caza, irrumpe en la calzada de forma totalmente inopinada e imprevisible».

Asimismo, en parecido sentido a la anterior, resulta interesante la **sentencia de la Audiencia Provincial de Toledo n.º 101/2015, de 23 de abril, ECLI:ES:APTO:2015:370**.

En relación con esta materia resulta conveniente hacer referencia a la **sentencia del Tribunal Constitucional n.º 112/2018, de 17 de octubre,**

ECLI:ES:TC:2018:112. En ella se resuelve la cuestión de inconstitucionalidad planteada en relación con la redacción dada a la DA 9.ª del Real Decreto Legislativo 339/1990, de 2 de marzo, por el que se aprueba el texto articulado de la Ley sobre Tráfico, Circulación de Vehículos a Motor y Seguridad Vial, tras la reforma llevada a cabo por la Ley 6/2014, de 7 de abril.

A TENER EN CUENTA. El citado Real Decreto Legislativo 339/1990, de 2 de marzo, y la Ley 6/2014, de 7 de abril, fueron derogados por Real Decreto Legislativo 6/2015, de 30 de octubre, por el que se aprueba el texto refundido de la Ley sobre Tráfico, Circulación de Vehículos a Motor y Seguridad Vial, no obstante señala la STC n.º 112/2018, de 17 de octubre, ECLI:ES:TC:2018:112, que «(...) en el vigente Real Decreto Legislativo 6/2015, de 30 de octubre, por el que se aprueba el texto refundido de la Ley sobre tráfico, circulación de vehículos a motor y seguridad vial, la norma cuestionada pasa a ser la disposición adicional séptima, manteniendo la misma redacción cuya constitucionalidad es cuestionada por el órgano judicial».

La cuestión de inconstitucionalidad citada se refiere a una posible infracción del artículo 106.2 de la CE «(...) en el entendimiento de que este último precepto constitucional establece un sistema puramente objetivo de responsabilidad patrimonial para las Administraciones públicas. El órgano judicial estima que la norma legal cuestionada, al hacer recaer sobre el conductor del vehículo la responsabilidad civil con la sola excepción de los casos en los que la irrupción en la vía pública de la especie cinegética sea consecuencia de una concreta acción de caza mayor, resulta parcialmente inconstitucional, pues en todos aquellos supuestos en los que el titular de la explotación cinegética sea un ente público la responsabilidad patrimonial ha de corresponder, por mandato constitucional, a la administración implicada con la sola existencia de una conexión causal entre la actividad administrativa realizada y el daño finalmente ocasionado».

La misma resulta desestimada declarando el Tribunal Constitucional que:

> «Por todo ello, hemos de llegar a la conclusión de que, en un supuesto como el ahora planteado, en el que existe una actividad de titularidad administrativa o servicio público, la disposición adicional novena (actual disposición adicional séptima) de la Ley de tráfico sólo resulta compatible con el régimen de responsabilidad patrimonial de la Administración previsto en el artículo 106.2 CE, si se interpreta en el sentido de que, no existiendo acción de caza mayor, aún pueda determinarse la posible responsabilidad patrimonial de la Administración acudiendo a cualquier título de imputación legalmente idóneo para fundar la misma, sin declarar automáticamente la responsabilidad del conductor».

A TENER EN CUENTA. Por lo que se refiere a la cuestión anterior resulta interesante el análisis que al respecto realiza el Tribunal Supremo con carácter previo al pronunciamiento constitucional en su **sentencia n.º 50/2016, de 11 de febrero, ECLI:ES:TS:2016:436.**

6.3. Daños en actividades con animales: la monta de caballos

En el caso de actividades de ocio con animales, como puede ser la monta de caballos, la atribución de responsabilidad por los daños que en ellas se produce ha de atender a las circunstancias concretas del caso. Puede darse así responsabilidad del organizador de la actividad o del usuario (jinete), así como responsabilidad compartida de ambos. A continuación, se exponen algunos ejemplos de estas situaciones.

La **sentencia de la Audiencia Provincial de Jaén n.º 228/2018, de 1 de marzo, ECLI:ES:APJ:2018:616**, plantea el caso de daños sufridos como consecuencia de una caída de un caballo en un grupo condenando al jinete. La demandante iba montada en un caballo manejado por otra persona cuando se cae y sufre las lesiones que motivan la reclamación de indemnización. Dirige su demanda al que maneja el animal en su condición de jinete, a la propietaria del mismo y a la aseguradora por la existencia de un seguro de responsabilidad civil por los daños personales y materiales causados por el animal.

En primera instancia, **se exime de responsabilidad a la propietaria y se reconoce la culpa del jinete, así como la responsabilidad de la aseguradora por cuanto los daños producidos entran dentro de la cobertura del seguro**. La sentencia se recurre por la actora en cuanto a la absolución de la propietaria y por la aseguradora.

Respecto del primer motivo, declara la audiencia que la responsabilidad de la propietaria alegada en el recurso se funda en la existencia de culpa *in vigilando* y esta no se alegó como título de imputación en la responsabilidad del accidente acaecido, es más solo se alegaba la condición de propietaria del animal para atribuirle responsabilidad. Así declara:

> «(...) en el recurso de apelación no cabe el planteamiento de hechos y cuestiones nuevas no tratadas en la instancia por un elemental respeto al derecho de defensa y contradicción.
>
> Al margen de que no se ha practicado prueba alguna en relación con la necesaria relación de dependencia y subordinación en la que se fundamenta la responsabilidad por culpa in vigilando».

El recurso de la aseguradora se basa en que no resulta acreditado el incorrecto manejo del animal por parte del jinete que justifica su responsabilidad. Este motivo también se desestima toda vez que se trata de una responsabilidad objetiva que no precisa de la demostración de culpa cuando el daño se causa por el animal. En definitiva, se confirma que la responsabilidad, en este caso, recae en el jinete que controla al animal y en la aseguradora.

La **sentencia de la Audiencia Provincial de Málaga n.º 120/2016, de 14 de marzo, ECLI:ES:APMA:2016:482**, contempla, por su parte, un caso de daños ocasionados por un caballo que se escapa de su dueño e impacta contra el demandante tirándolo al suelo y causándole unas lesiones. Si bien, en este supuesto, se exonera de responsabilidad a la aseguradora demandada —el dueño del animal no fue demandado, pero en su caso quedaría exonerado también— por entenderse que concurre **culpa de la víctima.**

Entiende la audiencia que la actuación de la víctima/demandante fue voluntaria y consciente al ponerse delante del caballo y, por tanto, los daños sufridos derivan de su propia actuación deliberada:

> «(...) Concluye el Juez que el actor, con su conducta, consciente y deliberadamente, asumió el riesgo de la misma y un resultado previsible y evitable; y, por tanto, voluntaria y conscientemente se situó en la posición de riesgo y asumió sus consecuencias, interfiriendo en el nexo causal entre el riesgo inherente a la tenencia y utilización del animal y el resultado lesivo producido. Su conducta supuso la causa eficiente y determinante del resultado dañoso sufrido al crear una situación de riesgo y asumirlo, y con su actuación rompió el nexo causal derivado del hecho de escaparse el caballo. En definitiva, considera **ocurrido el hecho por culpa del propio perjudicado que, en consecuencia, no es acreedor a indemnización alguna** (...)».

Como **supuesto de responsabilidad compartida** cabe citar la **sentencia del Juzgado de Primera Instancia n.º 4/2024, de 8 de enero, ECLI:ES:-JPI:2024:28.** El caso planteado en ella alude al desarrollo de una actividad turística —ruta a caballo— por el demandante que en el transcurso de la misma sufre una caída con lesiones y presenta la correspondiente reclamación contra la aseguradora y la organizadora de la actividad. Esta última alega que el demandante fue previamente informado de las características de la actividad, habiendo firmado el correspondiente consentimiento para su realización, y añade que aquel padecía una enfermedad neurológica previa de la que no informó y que pudo ser causa directa de la caída.

Basando su reclamación el demandante en su condición de consumidor e insistiendo en la falta de información por parte de la entidad demandada al respecto de la actividad, de los hechos acreditados resulta para el juzgador que existe una responsabilidad compartida entre el usuario demandante y la entidad organizadora:

> «Asumiendo que es una **actividad de riesgo que se acepta claramente por el usuario,** y que debe entenderse probada la existencia de una escalera para subir al caballo, teniendo en cuenta las condiciones físicas especiales del actor, toda vez que el Sr. Juan Pablo padece una enfermedad degenerativa que afecta a sus extremidades inferiores, lo cierto es que, contando únicamente con la versión del empleado que atendió al actor y a su familia **hay serias dudas sobre la caída y, teniendo en cuenta la condición de consumidor y las acciones ejercitadas** que, efectivamente suponen una inversión de la carga de la prueba, entiende esta Juzgadora que **debe declararse una responsabilidad compartida en la producción del siniestro de un 50%** toda vez que, por un lado, hablamos de una actividad en la que participan niños menores de lo que se deduce que los caballos son mansos y se dejan montar sin problemas y por otro, porque la situación física del actor es un elemento condicionante en la

caída, entendiendo que esas mismas circunstancias afectan a la hora de montarse a caballo, **no habiéndolo hecho constar en el documento que se firmó**, a toda prisa pero se firmó».

Por otro lado, resulta relevante el caso previsto en la **sentencia de la Audiencia Provincial de Madrid n.º 134/2017, de 12 de mayo, ECLI:ES:APM:2017:7800.** En ella se parte de los siguientes hechos: en una clase con caballos, una yegua, propiedad de la demandada, regresa libremente a la cuadra corriendo y sin control de nadie. En su camino provoca que el poni en el que va el menor que sufre las lesiones eche a correr y tire a aquel.

En primera instancia se condenó a la propietaria de la yegua a indemnizar los daños causados al menor toda vez que resulta acreditado que «(...) la caída y las lesiones del menor fueron provocadas directamente por la conducta de la yegua, cuya irrupción provocó que los ponis se asustaran y empezaron a correr, lo que determinó la caída del menor que hasta ese momento circulaba montando al pony de manera adecuada».

No obstante lo anterior, la demandada plantea recurso de apelación alegando culpa exclusiva de la víctima, la existencia de otros responsables y que en el momento de los hechos ella no tenía la posesión de la yegua. Respecto del primero de los motivos, no puede ser estimado ya que fue alegado *ex novo* en el recurso, pero aun cuando se alegase en primera instancia no podría prosperar por cuanto el menor tiene en el momento de los hechos 6 años, montaba adecuadamente el poni y se ve arrastrado por la yegua libre y que viene por su espalda.

La posible existencia de otros responsables como puede ser la profesora, el club o el progenitor del menor no eximen de responsabilidad a la propietaria del animal, si bien esto no puede ser declarado porque la demanda se dirigió solo contra ella: «(...) no se puede declarar la responsabilidad de personas no demandadas, y tampoco dicha responsabilidad hipotética puede justificarla exoneración de la parte demandada (...)».

Finalmente, la falta de posesión del animal en el momento de los hechos tampoco la exime de responsabilidad en tanto propietaria del animal conforme al artículo 1905 del CC.

Para terminar, la **sentencia del Tribunal Supremo rec. 1635/1994, de 16 de octubre de 1998, ECLI:ES:TS:1998:5936,** declara la inaplicación de lo previsto en el artículo 1905 del CC en aquellos casos en que se alquila un caballo; en este sentido establece:

> «(...) Este extraño pleito (desde el punto de vista jurídico) ha sido encauzado desde la demanda a través de los arts. 1.902 y 1.905 C.c., siendo así que estamos pura y simplemente ante un alquiler de un caballo para la práctica de la equitación, y no ante un supuesto de daño ocasionado a un tercero por un animal sin que medie relación jurídica alguna entre aquél y el propietario o quien se sirve del mismo. No se sirve de él, en el sentido del art. 1905, quien lo arrienda sino que lo hace objeto de un negocio jurídico. La responsabilidad por riesgo que establece el art. 1.905 no beneficia al jinete que lo alquila, pues el animal deja de estar bajo la custodia o cuidado del arrendador, sometido entonces a su posesión real y efectiva, es, en suma, el poseedor que se sirve de él».

6.4. Daños por ataques de perros

Dado el elevado número de perros que conviven en la sociedad los supuestos de incidentes en que se ven implicados también son numerosos, pudiendo observar entre ellos ataques a otros animales o a personas. A continuación, examinamos algunos de esos supuestos donde la regla general es atribuir **responsabilidad al dueño o poseedor del animal que causa los daños.** Es frecuente en estas situaciones que se alegue la culpa exclusiva de la víctima como causa de exoneración de responsabilidad, si bien es difícil su aplicación.

Respecto de daños causados a otros perros cabe citar la **sentencia de la Audiencia Provincial de Almería n.º 638/2024, de 18 de junio, ECLI:ES:APAL:2024:606,** en ella se plantea el caso de una persona que va paseando con sus dos perros y se ve sorprendido por el ataque de un tercer animal que pasea suelto y sin bozal. Como consecuencia de ello, uno de los perros fallece y el otro sufre lesiones graves. Se establece en primera instancia la **obligación de responder de estos daños, así como de los daños morales ocasionados al dueño de los perros que sufren el ataque por parte del propietario del atacante y la persona que lo iba paseando.** Es el dueño el que plantea recurso contra tal resolución, si bien en segunda instancia se viene a confirmar aquella con indemnización al demandante.

Un supuesto análogo con **reconocimiento de responsabilidad al propietario del perro que propicia el ataque** a otro resultando fallecido es el previsto en la **sentencia de la Audiencia Provincial de Barcelona n.º 168/2024, de 5 de marzo, ECLI:ES:APB:2024:3630,** que señala:

> «En el caso de autos, procede la confirmación de la sentencia de instancia por sus propios argumentos, que no han resultado desvirtuados en el escrito de recurso de apelación y, por cuanto existen en los autos elementos probatorios suficientes como para entender que la conducta culpable es provocada por el propietario del animal Peliteñida, por pasear con el mismo sin cadena y sin bozal, es decir, sin posibilidad de control sobre el mismo en caso de que ataque a personas o animales, agravándose la situación por el hecho de que además, portaba a otro animal, tampoco con cadena y si bozal, pese a que es una raza potencialmente peligrosa (dóberman), con lo que su actuación principal fue controlar a uno de los animales, sujetándolo por el cuello, sin poder actuar sobre el otro animal suelto que es el que atacó a los actores y al perro propiedad de los mismos».

¿Qué sucede cuando el perro atacante no se encuentra con su propietario si no con otra persona? ¿Quién responde de los daños causados? Para responder a estas cuestiones hay que atender al artículo 1905 del CC que habla del poseedor del animal o el que se sirve de él. Así pues, alegada falta de legitimación pasiva de quien no es propietario del perro que ataca a un tercero y le causa daños, señala la **sentencia de la Audiencia Provincial de A Coruña n.º 171/2024, de 11 de junio, ECLI:ES:APC:2024:1665,** que:

> «(...) procede **rechazar la excepción de falta de legitimación pasiva** hecha valer por el apelado y, en sentido contrario, tener por suficientemen-

te **acreditado el mencionado señorío de hecho o situación de posesión respecto al can causante de los daños** que ha de conllevar **su responsabilidad y consiguiente obligación de indemnizar los daños** causados por el animal. Ciertamente no es posible exigirle responsabilidad en atención al hecho de ser propietario del can, (...), dado que consta en el atestado (...) que es propiedad de su padre, mas es igualmente cierto que, manteniéndose en la demanda que acompañaba a los perros, de las testificales prestadas en juicio, aquellas que afirmaron presenciar el ataque del animal, resulta como los tres animales, dos unidos entre sí y aquel que finalmente atacó a la actora, se encontraban sueltos y corriendo, haciéndolo inmediatamente seguidos por D. Didier, siendo claras y precisas al respecto, señalando además como separó al animal de la recurrente y como posteriormente se los llevó, datos o elementos que permiten inferir la situación de posesión o dominio en el que el mismo se encontraba respecto al can en el momento anterior al ataque».

Un supuesto idéntico contempla la **sentencia de la Audiencia Provincial de Granada n.º 94/2024, de 18 de marzo, ECLI:ES:APGR:2024:280**, en ella dos personas paseando al perro de una de ellas sufren el ataque de otro perro que apareció suelto causando daños tanto al animal como a sus acompañantes. Se demandó tanto al que acompañaba al perro atacante como a su dueña, si bien esta resulta absuelta, siendo responsable de los daños acaecidos el que tenía el perro en posesión en el momento de los hechos.

En sentido contrario a la anterior se pronuncia la **sentencia de la Audiencia Provincial de Bilbao n.º 657/2023, de 16 de octubre, ECLI:ES:AP-BI:2023:958**. En este caso se reconoce la responsabilidad de la propietaria de un perro por el ataque a otro con daños a este y a su dueño, a pesar de que en el momento de los hechos el animal no estaba custodiado por la propietaria, si no por su progenitor. Así señala la sentencia que:

«3.9 En el caso de autos la propietaria y demandada, es la que indicó a su padre que le cuidase el animal mientras ella estaba trabajando, es quien le proporcionó los elementos de seguridad como correa, que recordemos, fue la que se rompió y propició el incidente de autos. Por tanto es inferible que es propietaria y poseedora mediata del perro y por tanto responsable de los actos que de su tenencia y propiedad resulten».

CUESTIÓN

¿Qué sucede cuando los daños derivan de los ladridos de los perros?

En el caso de que los ladridos, o cualquier otro hecho derivado de la tenencia de animales, puedan afectar a la convivencia entre vecinos ocasionando molestias y daños a los mismos, la responsabilidad que se pueda exigir en estos casos deriva de lo previsto en el artículo 7.2 de la Ley 49/1960, de 21 de julio, de Propiedad Horizontal (LPH). Este precepto permite a la comunidad de propietarios ejercer una acción de cesación contra el propietario de un animal si su conducta se considera molesta, insalubre, nociva, peligrosa o ilícita.

Como ejemplo de estas situaciones cabe citar dos sentencias opuestas. De un lado, la **sentencia de la Audiencia Provincial de Pontevedra n.º 83/2019, de 21 de febrero, ECLI:ES:APPO:2019:214**, en la que se estima la acción de cesación ejercitada por una comunidad de propietarios contra una arrendataria la cual vivía con perros y gatos en condiciones molestas para los demás vecinos:

«(...) su comportamiento, (...), excede de los límites que la Comunidad de Propietarios debe soportar en la convivencia que la Ley de Propiedad Horizontal impone, pues tal convivencia no puede llevar a que los restantes vecinos de la finca estén sometidos a situaciones intolerables que exceden con mucho de lo que habitualmente se califica como comportamiento cívico y educado, tampoco a situaciones que por su permanencia temporal impiden utilizar el calificativo de puntual (...), ya que en modo alguno puede ni debe imponerse a los miembros de una comunidad de propietarios que soporten situaciones graves de incomodidad y de continuos enfrentamientos con la demandada, en base a su decisión personal de vivir en compañía de un numero de animales que, no hay duda, para una vivienda en régimen de propiedad horizontal, exceden de lo razonable».

En sentido contrario, se pronuncia la **sentencia de la Audiencia Provincial de Santa Cruz de Tenerife n.° 462/2017, de 28 de diciembre, ECLI:ES:APTF:2017:2585**, en la que resulta acreditado que no se cumplen los requisitos previstos en el artículo 7.2 de la LPH para que prospere la acción de cesación, las molestias ocasionadas por los animales no tienen la entidad suficiente para que se declaren las consecuencias previstas en él.

«En segundo lugar, tampoco basta, como resulta del caso enjuiciado, con que se trate de una actividad genéricamente o virtualmente molesta, como pudiera ser el hecho de que los perros molesten con sus ladridos o la presencia de deposiciones en los jardines, sino que el precepto exige que resulten dañosas para la finca o que contravengan las disposiciones generales sobre actividades molestas, insalubres, nocivas, peligrosas o ilícitas, y, virtualmente, ni los ladridos ni las deposiciones entrarían en las categorías o conductas definidas por el precepto legal, ni en el RRI se prohíben estas conductas que pudieran resultar molestas para los vecinos, sino, genéricamente, la tenencia de animales domésticos, molesten o no. Así pues, no solo es que esté justificada una aplicación restrictiva del precepto dado su carácter prohibitivo (de una actividad, inicialmente, lícita, como es la tenencia de animales domésticos) y las graves consecuencias que se pueden derivar de su aplicación, sino que las conductas denunciadas en el presente caso no cuadran ni con la tipificación legal ni con la reglamentaria».

6.5. Animales potencialmente peligrosos

Caso específico es el de la tenencia de animales potencialmente peligrosos respecto del cual hay que tener en cuenta el régimen jurídico previsto en la Ley 50/1999, de 23 de diciembre, y desarrollado por el Real Decreto 287/2002, de 22 de marzo.

¿Qué se entiende por animal potencialmente peligroso? Conforme al artículo 2 de la Ley 50/1999, de 23 de diciembre, se entiende por animal potencialmente peligroso:

– Todos los que, **perteneciendo a la fauna salvaje**, siendo utilizados como animales domésticos o de compañía, **con independencia de su agresividad**, pertenecen a especies o razas que tengan capacidad de causar la muerte o lesiones a las personas o a otros animales y daños a las cosas.

- Los **animales domésticos o de compañía determinados reglamentariamente**. En concreto los de la especie canina de determinada tipología racial que por su agresividad, tamaño o potencia de la mandíbula tengan capacidad de causar la muerte o lesiones a las personas o a otros animales y daños a las cosas.

En la citada norma se contemplan una serie de **requisitos adicionales para la tenencia de animales potencialmente peligrosos que se traducen en una mayor diligencia por parte de sus dueños**, así declara la **sentencia de la Audiencia Provincial de Santa Cruz de Tenerife n.º 382/2023, de 14 de septiembre, ECLI:ES:APTF:2023:2642**, que:

> «(...) el perro de la demandada, por pertenecer a una de las razas potencialmente peligrosas, (ppp) tiene que estar sometido a unas **más amplias medidas de precaución y seguridad**, concretamente no solo tiene que ir atado en los lugares públicos, sino que además ha de llevar un bozal convenientemente sujeto, de ahí que resulte necesaria la acreditación que la agresión por mordisco del perro se produjo si éste llevaba el bozal preceptivo, y en tal caso acreditar qué ocurrió con el mismo».

Respecto de la tenencia de animales potencialmente peligrosos **¿cuáles son los requisitos específicos exigidos?** La Ley 50/1999, de 23 de diciembre, desarrollada por el Real Decreto 287/2002, de 22 de marzo, establece los siguientes:

- La previa obtención de una **licencia administrativa** otorgada por el ayuntamiento donde reside el solicitante o, con constancia de aquel, por el ayuntamiento donde se lleva a cabo la actividad de comercio o adiestramiento. La licencia tendrá un periodo de validez de 5 años pudiendo ser renovada por periodos sucesivos de igual duración.

- **Identificación y registro del animal**. En caso de animales de la especie canina la identificación, con la debida garantía, es obligatoria sin excepción.

- Contratación de un **seguro de responsabilidad civil** por daños a terceros con una cobertura no inferior a 120.000 euros.

- En el caso de **perros** potencialmente peligrosos, para su presencia y circulación en espacios públicos será obligatoria la utilización de correa o cadena de menos de dos metros de longitud y un bozal adecuado y homologado para su raza. (DA 1.ª de la Ley 50/1999, de 23 de diciembre).

CUESTIÓN

En cuanto a la obtención de la licencia administrativa necesaria para la tenencia de animales potencialmente peligrosos ¿cuáles son los requisitos cuyo cumplimiento ha de verificarse?

Los requisitos cuyo cumplimiento ha de verificarse para obtener la licencia administrativa han de ser, al menos, los siguientes (art. 3.1 de la Ley 50/1999, de 23 de diciembre):

- Ser mayor de edad y no estar incapacitado para proporcionar los cuidados necesarios al animal.

– No haber sido condenado por delitos de homicidio, lesiones, torturas, contra la libertad o contra la integridad moral, la libertad sexual y la salud pública, de asociación con banda armada o de narcotráfico, así como ausencia de sanciones por infracciones en materia de tenencia de animales potencialmente peligrosos.

– Certificado de aptitud psicológica.

– Acreditación de haber formalizado un seguro de responsabilidad civil por daños a terceros que puedan ser causados por sus animales, por la cuantía mínima que reglamentariamente se determine, cual es 120.000 euros.

La **sentencia de la Audiencia Provincial de Burgos n.º 181/2024, de 16 de mayo, ECLI:ES:APBU:2024:403,** refleja las exigencias específicas en el caso de animales potencialmente peligrosos. Se trata, en este caso, de dos perros de raza pitbull que se encuentran en una finca sueltos y sin bozal en la que no vive el propietario de los mismos. Los perros se escapan de la finca por un agujero de la valla y uno de ellos ataca a la demandante que sufre lesiones en la mano. Resulta acreditado que el acusado no adoptó las precauciones necesarias para evitar los daños ya que no reparó el agujero, no cambió la valla ni dio razón de que los animales se habían escapado a pesar de saberlo. En este sentido señala la sentencia que:

«(...) el acusado **omitió los elementales deberes objetivos de precaución, previsibilidad y cuidado exigibles en la tenencia de animales potencialmente peligrosos**, dado que los perros estaban solos en una finca sueltos y sin bozal con una valla que presentaba unas características insuficientes para impedir que se escaparan, siendo el propietario de perros de razas peligrosas el que tiene la obligación de tomar las medidas exigibles para evitar que esos animales tengan contacto con personas estando sin control. Con esta clase de perros las medidas de cautela deben ser extremadas con el fin de evitar riesgos y la causación de daños, (...).

(...)

La valla de la finca debía ser un elemento de contención para evitar que los perros pudieran escaparse y causar daños y, como hemos visto, era una valla que carecía del reforzamiento necesario en su parte baja para evitar algo tan previsible en estos animales como que excavaran un agujero y salieran por él. Además, el acusado no residía en la finca en la que estaban los perros de manera que, aun cuando acudiera todos los días, no podía estar pendiente en todo momento del estado de la valla y de la conducta de los perros, lo que hacía más ineludible la adopción de medidas para evitar la posibilidad de que se escaparan, (...) debe tenerse en cuenta que los perros se encontraban de forma habitual sin control alguno por la finca, salvo las visitas diarias que pudiera hacer su dueño, por lo que las mas elementales normas de prudencia exigirían que estuvieran atados o, por lo menos, en algún habitáculo dentro de la finca.

(...), el hecho de que los **perros estuvieran libremente sin control por la finca sin estar atados y sin que el dueño adoptase las medidas necesarias para reforzar la valla supone una infracción del deber de cuidado** que le correspondía para procurar que su tenencia no se convirtiera en un peligro para terceros y que sobrepasa los límites de la imprudencia menos grave y debe ser calificada como grave».

Finalmente, también resulta relevante el caso previsto en la **sentencia de la Audiencia Provincial de Burgos n.° 445/2017, de 29 de septiembre, ECLI:ES:APBU:2017:1000**. En ella se plantea la responsabilidad del propietario de un perro de raza peligrosa por los daños sufridos por un menor, hijo del dueño del animal y la responsabilidad de la aseguradora absuelta en primera instancia por falta de cobertura de los daños ante la relación paternofilial del menor perjudicado y el propietario del animal.

Así pues, en este caso se atribuye **responsabilidad al progenitor dueño del animal como poseedor del mismo**, quedando excluida la culpa del menor como causa de exoneración de responsabilidad:

> «Ha quedado acreditado que el niño estaba jugando con el perro, a lanzarle un palo, y, en un momento dado que el niño le mostró el palo y se acercó a besarle, el perro a la vez que atrapaba el palo, mordió al niño en la cara. El niño tenía 9 años de edad y conocía al perro de su padre desde siempre, había jugado en numerosas ocasiones con él, incluso dormido juntos, en esa gran confianza entablada con el animal como se puede observar en alguna de las fotos aportadas, y sin un previo hostigamiento, el perro reaccionó agresivamente mordiendo al niño cuando éste como parte del juego se acercó para besarle. Ante estos hechos **no puede hablarse de culpa del niño**, quien cuando dentro del régimen de visitas del convenio regulador, iba fines de semana y vacaciones a casa de su padre, habitualmente, jugaba con el perro y en su mente infantil, **no podía llegar a imaginar que el perro pudiese llegar morderle.**
>
> (...)
>
> (...) Para que el propietario del perro quede exonerado de responsabilidad debe probar que la única conducta culpable es la de la víctima; lo que supone que la conducta del responsable del perro sea intachable y haya adoptado las máximas cautelas. **Si el perro se excitó con el juego del palo, no puede culpabilizarse a un niño de nueve años de seguir jugando con el perro al no imaginarse la posible reacción sorpresiva y agresiva del perro con el que convivía, no así su padre que como criador de perros y, en particular de razas PPP, hubo de extremar la precaución y prevenir la posible excitación del perro, cerrándolo en su habitáculo e impidiendo así todo contacto del niño con el perro».**

Por lo que se refiere a la aseguradora absuelta en primera instancia, se estima parcialmente el recurso por entenderse que la cláusula que excluye la cobertura del seguro en caso de relaciones familiares como es la prevista en este caso no cumple los requisitos exigidos para su validez.

> «(...) En el caso concreto que nos ocupa la cláusula que excluye a los familiares del riesgo asegurado a través de la definición de "tercero" ni aparece resaltada en negrita, ni específicamente aceptada por el tomador del seguro.
>
> En consecuencia, por todo lo expuesto, **debe tenerse por nula la cláusula particular de la póliza** que excluye de la cobertura del seguro a los familiares del tomador o asegurado de los daños causados por el perro potencialmente peligroso».

6.6. Daños sufridos por participación en espectáculos taurinos

Cuando se trata de espectáculos taurinos puede hablarse de responsabilidad de los organizadores de los mismos, si bien es frecuente el reconocimiento de responsabilidad de la víctima pues se entiende que al participar en ellos asume el riesgo derivado de esa actividad, evitando el daño con el solo hecho de no participar en la misma. En este sentido cabe destacar la **sentencia de la Audiencia Provincial de Valencia n.º 124/2004, de 2 de marzo, ECLI:ES:APV:2004:883**, que con cita a la jurisprudencia del Tribunal Supremo señala:

> «Puede también añadirse que la jurisprudencia del T.S. de la que son exponente las de fechas 17 de julio de 1986, 18 de febrero de 1991, 11 de febrero de 1992 y 8 de marzo de 1994 es unánime en afirmar que **no es de aplicación la inversión de la carga de la prueba ni la presunción de culpabilidad, ni la teoría del riesgo, si el accidente se produce por culpa exclusiva del perjudicado**, ya que carece de sentido el aplicar la responsabilidad objetiva por riesgo cuando los mismos podrían ser evitados por la víctima, para lo cuál en el **caso de festejos taurinos se considera que el riesgo puede evitarse simplemente no participando, por lo que en caso contrario son asumidos voluntariamente, ya que quien conoce el riesgo y lo asume**, gozando del festejo no puede exigir responsabilidades por el riesgo creado, lo cual no impide que si se demuestra la culpa de los organizadores del espectáculo pueda consecuentemente exigírseles responsabilidad por culpa (...)».

En el caso planteado en la sentencia la caída del demandante durante la actividad de suelta de vaquillas se considera debida a su actuación subiéndose a la barrera, sin que se acredite obstáculo alguno o negligencia de los organizadores de la actividad que motivasen los daños sufridos y, por tanto, le eximiesen al perjudicado de responsabilidad. En definitiva, se considera que la caída fue casual o por culpa del actor y no atribuible a los organizadores del festejo.

Supuesto idéntico contempla la **sentencia del Tribunal Supremo n.º 740/1998, de 21 de julio, ECLI:ES:TS:1998:4919**, conforme a la cual se exime de responsabilidad al ayuntamiento organizador de la actividad con las vaquillas que causan el accidente. Señala la misma:

> «Faltan, en consecuencia, los elementos fácticos en que apoyar la relación de causalidad, con la imputación o el reproche culpabilístico, que acarrea el suceso, anudándolo a una acción u omisión atribuible al Ayuntamiento, pues, con independencia del peligro que generan algunas de estas costumbres locales, de alcance lúdico y festivo, los vecinos y asistentes aceptan los riesgos derivados de los festejos, participando activamente en estos sin que la opinión pública concernida tienda a impedir su celebra-

ción, o limitar su alcance, por lo que mal pueden achacarse al Ayuntamiento las consecuencias de unos actos, queridos por los vecinos y asistentes a los mismos».

Asimismo, resulta interesante la **sentencia del Tribunal Superior de Justicia de Andalucía n.º 1583/2022, de 24 de noviembre, ECLI:ES:TS-JAND:2022:17135**. En ella se plantean los siguientes hechos: con ocasión de la celebración de las fiestas del pueblo, el ayuntamiento demandado organiza las tradicionales capeas. Para ello dispone un vallado por todo el recorrido y en los corrales y cuenta con la colaboración de determinadas personas, entre ellas, el demandante. Este último en el desarrollo de sus funciones se sube a una de las vallas de los corrales con el objeto de abrir y cerrar las puertas para el apartado de las reses, en uno de esos movimientos, una vaquilla golpea la valla que se rompe provocando la caída de aquel.

El demandante reclama una indemnización por daños sufridos en la caída alegando que la valla estaba en mal estado y que estaba cumpliendo órdenes de los empleados municipales encargados del desarrollo de la actividad, resultando condenada la aseguradora al pago de la indemnización en primera instancia. Contra esta resolución se plantea recurso de apelación tanto por el perjudicado como por la aseguradora. El recurso planteado por el perjudicado se desestima negando la responsabilidad del ayuntamiento organizador del festejo, si bien se estima parcialmente en relación con la petición de la aseguradora reduciendo la indemnización que esta debe abonar.

La desestimación de la pretensión del apelante se basa en su consideración de colaborador voluntario en la actividad que justifica que asuma el riesgo de su actuación, así declara el tribunal que:

«(…) el recurrente ejercía la función de "colaborador voluntario" del festejo, con lo que **asumía todo el riesgo inherente a tal cometido**. (…) Ese riesgo no lo asumía cumpliendo instrucciones de empleados municipales a los que estaba subordinado, o acatando órdenes inexcusables del Ayuntamiento que se beneficiaba de su prestación de servicios sin contraprestación alguna, como se afirma por el apelante, sino **en su condición de "colaborador voluntario"** de un festejo taurino en el que, necesariamente, **se han de manejar y conducir reses bravas**.

(…)

Ese riesgo asumido por el "colaborador voluntario" no sólo queda mostrado al exponer este precepto que deben tener unos mínimos conocimientos sobre el comportamiento de las reses de lidia y demostrar una aptitud física suficiente para colaborar, sobre todo se evidencia de modo patente al contemplar la fotografía del lugar en que ocurrió la caída, en la que se indica el punto al que estaba subido el recurrente, así como al describir éste la tarea que allí subido tenía que realizar: la de abrir y cerrar la puerta para el apartado de las reses, reconociendo el propio recurrente, al remitirse a las testificales practicadas en el acto de la vista, que "no hay otra forma de desarrollar la tarea", por lo que no cabe apreciar omisión de medidas de protección que se incumplieran, nunca expuestas, o incorrección en el modus operandi que se debió seguir, que tampoco se describe. No es de apreciar, en definitiva, ninguna inobservancia especial del deber de diligencia por parte del Ayuntamiento de Niebla, deber exigido por la doctrina jurisprudencial citada por el interesado (STS de 22 de octubre de 2010, recurso 1206/2006), para evitar la caída del recurrente en los corrales tras romperse el poste por la embestida de la res.

En conclusión, **no acreditada la inadecuada instalación del poste, el recurrente asumió un riesgo que impide apreciar la relación de causalidad exigible y por ello la responsabilidad patrimonial de la Administración**».

La **sentencia del Juzgado de lo Contencioso-Administrativo de Pamplona n.º 100/2019, de 8 de abril, ECLI:ES:JCA:2019:8612,** en vía de recurso desestima la responsabilidad patrimonial del ayuntamiento cuando en el curso de un espectáculo con vaquillas uno de los corredores saltó la barrera de protección instalada para evitar que le alcanzase uno de los animales, por este motivo empujó a varios espectadores que a su vez empujaron a las personas que tenían detrás. Una de ellas, la demandante, cayó desde una altura de un metro y medio sufriendo una serie de daños que motivan su reclamación al ayuntamiento. Si bien la resolución que se examina desestima la demanda por las consideraciones siguientes:

- La demandante no presenta prueba alguna del lugar exacto donde se encontraba cuando sufre la caída, lo cual se considera de especial importancia toda vez que existe un certificado que acredita que el vallado del encierro cumple con las condiciones exigidas legalmente.

- Tampoco acredita la demandante el incumplimiento de ninguna norma legal o reglamentaria.

- Asimismo, resulta claro que el motivo de la caída no fue un defecto de la instalación si no el empujón de varias personas ocasionado por el salto del corredor, lo que supone la intervención de un tercero con relevancia suficiente para romper la relación de causalidad entre las lesiones y la actuación municipal.

En definitiva, no resulta acreditada la concurrencia de los elementos necesarios para apreciar la responsabilidad patrimonial de las Administraciones públicas y, por tanto, se desestima la demanda. Destaca así el juzgado que:

«El que participa en el festejo taurino corriendo las reses, o el que espera en la calle para al paso de las mismas subirse a la barrera o valla protectora, o el que se encuentra en la Plaza en la que se sueltan vaquillas en la zona de protección de corredores o participantes (lo que en cierto modo también es una forma de participación en el festejo taurino) asume voluntariamente el riesgo o peligro que representa el resultar dañado tanto al ser cogido por la res como por la circunstancia de caídas, golpes, empujones o avalanchas de otros participantes en el festejo».

CUESTIÓN

¿Cuáles son los elementos necesarios para que se pueda atribuir responsabilidad patrimonial a las Administraciones públicas?

A los efectos de determinar los elementos necesarios para apreciar la responsabilidad patrimonial de las Administraciones públicas hay que tener en cuenta lo previsto jurisprudencialmente y el carácter objetivo que a la misma se atribuye. En este sentido de la **sentencia del Tribunal Supremo rec. 2094/2004, de 23 de octubre de 2007, ECLI:ES:TS:2007:6848**, se infiere que la responsabilidad de las Administraciones públicas en nuestro ordenamiento jurídico, tiene su base en el artículo 24 de la CE que recoge el derecho a la tutela judicial efectiva y en el apartado 2 del artículo 106 de la CE por el que se reconoce el derecho de los particulares a ser indemnizados por las lesiones sufridas como consecuencia del funcionamiento de los servicios públicos, así como en lo previsto en términos idénticos en el apartado 1 del artículo 32 de la Ley 40/2015, de 1 de octubre, de Régimen Jurídico del Sector Público y en el artículo 121.1 de la Ley de 16 de diciembre de 1954 de Expropiación Forzosa.

El Tribunal Supremo, en esta y otras sentencias, ha venido determinando reiteradamente, como elementos necesarios para apreciar la responsabilidad patrimonial de las Administraciones públicas los siguientes:

– La efectiva realidad del daño o perjuicio, evaluable económicamente e individualizado en relación a una persona o grupo de personas.

– El daño o lesión patrimonial sufrida por el reclamante sea consecuencia del funcionamiento normal o anormal de los servicios públicos en una relación directa e inmediata y exclusiva de causa a efecto, sin intervención de elementos extraños que pudieran influir, alterando, el nexo causal.

– Ausencia de fuerza mayor.

– El reclamante no tenga el deber jurídico de soportar el daño cabalmente causado por su propia conducta.

La citada sentencia recuerda, asimismo, el carácter objetivo de la responsabilidad de las Administraciones públicas señalando:

«Tampoco cabe olvidar que en relación con dicha responsabilidad patrimonial es doctrina jurisprudencial consolidada la que, entiende que la misma es objetiva o de resultado, de manera que lo relevante no es el proceder antijurídico de la Administración, sino la antijuridicidad del resultado o lesión aunque, como hemos declarado igualmente en reiteradísimas ocasiones es imprescindible que exista nexo causal entre el funcionamiento normal o anormal del servicio público y el resultado lesivo o dañoso producido, cuya concurrencia la Sala de instancia niega en el caso de autos».

7.
INDEMNIZACIÓN DERIVADA DE LOS DAÑOS CAUSADOS POR ANIMALES

En primer lugar, cabe señalar que, para calcular la indemnización por lesiones ocasionadas por animales, se podrá utilizar, a modo orientativo, el baremo establecido en la Ley 35/2015, de 22 de septiembre, que regula el sistema para la valoración de los daños y perjuicios causados a las personas en accidentes de circulación.

Si bien, **el referido baremo no es vinculante** y tampoco es una imposición el servirse del mismo a efectos orientativos, así la **sentencia del Tribunal Supremo n.º 758/2008, de 22 de julio, ECLI:ES:TS:2008:3971**, señala que **la determinación de la cuantía que ha de servir de compensación de los daños ocasionados es el resultado de una actividad de apreciación que corresponde al juzgador**, para lo que goza de amplia libertad que abarca la posibilidad de servirse de sistemas objetivos como puede ser el referido baremo a efectos meramente orientativos.

Es muy ilustrativa, la **sentencia de la Audiencia Provincia de Valencia n.º 127/2022, de 25 de marzo, ECLI:ES:APV:2022:1616**, en la que apunta que el baremo establecido en la Ley 35/2015, de 22 de septiembre, ha sido configurado para un especifico sector de la responsabilidad civil dotado de peculiaridades tan propias como ajenas a un caso de lesiones producidas por mordeduras de perro, por ejemplo.

Así, para calcular la indemnización habría primero que realizar una evaluación de las lesiones a través de un informe médico que describa las mismas, el tratamiento recibido y el tiempo de recuperación.

En cuanto a la **obligación de reparar el daño** el **Tribunal Supremo a través su sentencia n.º 529/2003, de 29 de mayo, ECLI:ES:TS:2003:3680**, establece:

> «La obligación de reparar el daño causado por animales la contempla el artículo 1905 del Código civil: responsabilidad objetiva que deriva de la posesión del animal; sólo se evita que surja tal obligación cuando se rompe el nexo causal por fuerza mayor o por culpa del perjudicado. Es abundante y muy reiterada la jurisprudencia moderna sobre tal norma: destacan el carácter objetivo de la responsabilidad (rectius, obligación de reparar el daño) las sentencias de 31 de diciembre de 1992, 21 de noviembre de 1998 y la de 12 de abril de 2000 que resume la doctrina jurisprudencial

y recoge los precedentes en estos términos: "Con precedentes romanos ("actio de pauperie"), nuestro Derecho Histórico se preocupó de la cuestión en forma bien precisada y así el Fuero Real (Libro IV, Título IV, Ley XX), obligaba al dueño de los animales mansos (que incluía a los perros domésticos) a indemnizar los daños causados. La Partida VII, Título XV, Leyes XXI a XXIII, imponía a los propietarios de animales feroces el deber de tenerlos bien guardados y la indemnización incluía el lucro cesante. El Código Civil español no distingue la clase de animales y su artículo 1905, como tiene establecido la jurisprudencia de esta Sala, constituye uno de los escasos supuestos claros de responsabilidad objetiva admitidos en nuestro Ordenamiento Jurídico (Ss. de 3-4-1957, 26-1-1972, 15-3-1982, 31-12-1992 y 10-7-1995), al proceder del comportamiento agresivo del animal que se traduce en la causación de efectivos daños, exigiendo el precepto sólo causalidad material».

En este contexto, **¿podremos reclamar algún tipo de indemnización por daños morales?** Sí, así lo establece la **sentencia de la Audiencia Provincial de Almería n.º 638/2024, de 18 de junio, ECLI:ES:APAL:2024:606**, que analiza el caso en que un perro de raza pastor alemán muerde a dos perros propiedad del demandante y como consecuencias de las mordeduras fallece uno de ellos. Tras estos acontecimientos, el propietario del perro fallecido inicia un cuadro ansioso depresivo documentado con partes de asistencia médica. Si bien, el demandante ya había presentado un trastorno mixto ansioso en el pasado con gestos autolíticos, cuando suceden los hechos tenía 37 años y no seguía ningún tipo de tratamiento de ansiolíticos y antidepresivos, siendo diagnosticado (posteriormente a los hechos) de agorafobia con trastorno de pánico e iniciando un seguimiento en la Unidad de Salud Mental.

La sentencia entiende que la reactivación de su cuadro ansioso es sustancialmente producido por el suceso relatado, aunque a ello coadyuvaba que en aquel momento del accidente estuviera en situación de desempleo.

Así, la audiencia concluye:

> «En el caso de autos, no hay lugar a dudas sobre el directo impacto del trauma presenciado, que se traduce tanto en padecimientos emocionales dolor o duelo sufrido por la pérdida de su perro Gamba documentado entre otros, en la carta de afecto/duelo a su mascota, como en los padecimientos psíquicos de lo que es
> tratado a consecuencia del ataque del can del demandado a dos de los perros del demandante. Estos padecimientos psíquicos a los que ya se ha hecho referencia, están documentados y relatados al inicio del segundo fundamento de esta resolución. Y estos presenta una evidente e inequívoca relación causal directa con el siniestro. Es irrelevante que el demandante fuera tratado entre los 18 y 23 años de un trastorno mixto ansioso depresivo. Lo importante es que desde los 23 a los 37 años, e no presentaba síntomas y; que estos se activas o aparecen e por causa directa del ataque del perro del Sr. Adolfo; a los perros del demandante Gamba y Sardina. Y ello debe tenerse encuentra a la hora de fijar el quantum de la indemnización, totalmente ajustada en la cantidad de 6.000 €, que confirmamos en esta resolución atendidos los parámetros expuestos.

Recordar que una cantidad menor o ínfima, no es admisible. El Tribunal Supremo ha afirmado que no son admisibles las indemnizaciones de carácter meramente simbólico. (STS núm. 386/2011, de 12 de diciembre) pues en ese caso, se convertirá la garantía jurisdiccional en un acto meramente ritual o simbólico incompatible con el contenido de los artículos 9.1, 1.1. y 53.2 CE y la correlativa exigencia de una reparación acorde con el relieve de los valores e intereses en juego (STC 186/2001, FJ 8)" (STS 4 de diciembre 2014 (RJ 2014, 6360), rec. núm. 810/2013.

En la misma línea, las sentencias de 4 de diciembre de 2014 (RJ 2014, 6360), de 18 de febrero de 2015 (RJ 2015, 690) y 12 de mayo de 2015 (RJ 2015, 1736), a título de ejemplo comparativo de cuantías, estas sentencias son contrarias a establecer indemnizaciones que no cubren ni de lejos los gastos necesarios para entablar un proceso.

Por todo ello, se desestima el segundo motivo del recurso y se confirma en todos sus pronunciamientos la sentencia recurrida».

Otra sentencia que cabe traer a colación es la de la **Audiencia Provincial de Burgos n.º 235/2015, de 7 de junio, ECLI:ES:APBU:2016:516**, que valora los daños morales por la pérdida de un perro de compañía.

«Para valorar la indemnización procedente por daño moral, esto es para reparar aquellos sufrimientos, padecimientos, menoscabos que no tienen una directa traducción económica, se han de considerar todas las circunstancias concurrentes.

En el caso de autos, de lo que se trata es de valorar el dolor e impacto sicológico sufrido por la demandante por la pérdida de su perro, de siete años de edad, que tenía desde que era una cachorro, con el que convivía en su casa, con el que sin duda tenía una relación afectiva. Además, se ha de considerar que la pérdida del animal de forma súbita y traumática y las concretas circunstancias de su muerte han determinado aún mayor dolor.

Se ha de valorar también que el perro, además de con la actora, convivía con la madre de ésta, de avanzada edad (94 años) con demencia, a la que hacía compañía y entretenía, según resulta de las fotografías aportadas a las actuaciones y de las declaraciones de los testigos, el portero y una vecina del edificio. Y se ha de valorar como sufrimiento propio de la actora el dolor y malestar que le producía que su madre no tuviera la compañía y bienestar que le proporcionaba el perro, con el que a tenor de las fotografías aportadas tenía una especial vinculación afectiva.

En atención a las circunstancias expuestas se ha de considerar excesiva la indemnización reclamada y reconocida por la Sentencia recurrida, pero también insuficiente la ofrecida por la recurrente, valorando prudencialmente más adecuada una indemnización de 1.5000 €».

Además de indemnización por daños morales por la muerte de un animal de compañía, también se reconoce en la sentencia de la **Audiencia Provincial de Valencia n.º 577/2009, de 14 de octubre, ECLI:ES:APV:20009:3912**, una indemnización por la inquietud que puede producir la incertidumbre de si una mascota saldrá adelante después de una lesión grave, durante el periodo que está sometida a tratamiento veterinario:

«Sentado lo anterior y cumplimentada por la parte actora suficiente prueba acreditativa de la angustia, pesadumbre y dolor que los actores debieron de pasar, por el vínculo de afecto que indudablemente les ligaba a su perro " Sardina ", durante el tiempo en que fue sometido al infructuoso tratamiento del demandado, teniendo que padecer la inquietud de su evolución y el sufrimiento y la tristeza de ver perder algo tan querido, la Sala estima procedente fijar prudencialmente como indemnización por daño moral la de dos mil quinientos euros (2.500 €), ello atendiendo a las circunstancias concurrentes, tanto a las personales de los actores, como a la edad avanzada del perro en cuestión, como al tiempo en que se desarrollaron los lazos afectivos con dicho animal, como al periodo de incertidumbre padecido».

CUESTIONES

1. ¿Podremos pedir daño moral por las secuelas que le queden a nuestra mascota?

Sí, así lo señala la sentencia de la Audiencia Provincial de Barcelona n.º 224/2011, de 4 de mayo, ECLI:ES:APB:2011:4605:

«Ello, sin duda, aunque los demandantes no aportaran dictamen médico alguno, ha de considerarse que les ocasiona un sufrimiento o daño moral que debe ser reparado, y cuya reparación no atiende a la reparación de un patrimonio, sino que va dirigida, principalmente, a proporcionar, en la medida de lo humanamente posible, una satisfacción como compensación al sufrimiento que se ha causado (Ss. T.S. de 31 de mayo 1983 y 25 junio 1984), que, al no existir reglas para su determinación, habrá de valorarse discrecionalmente atendidas las circunstancias del caso, y en el caso de autos, atendido el hecho de tener al perro cuando contaba escasos meses de vida, la edad del mismo, nacido en fecha 13/02/2005 según consta en el informe oftalmológico acompañado como documento n.º 2 con la demanda, por tanto el tiempo que puede seguir en compañía de los ahora apelantes que seguirán viéndolo en dicho estado, no puede considerarse que la cantidad solicitada sea excesiva o desproporcionada y, consiguientemente, procede la estimación del recurso de apelación».

2. ¿El seguro de hogar cubre los daños causados por los animales cuando no están en compañía de sus propietarios?

Para responder a la cuestión traeremos a colación la sentencia del Tribunal Supremo n.º 911/2022, de 14 de diciembre, ECLI:ES:TS:2022:4793, en la que no se discute que la dueña de la perra que causó los daños habitara en la vivienda objeto del contrato de seguro, tampoco se discute que la perra no viviera en la vivienda, ya que según la normalidad de las cosas, los animales conviven con sus dueños. Si bien, en este caso los daños fueron causados por la perra cuando esta era paseada por la madre de la dueña de la perra. La compañía no niega que la póliza cubra los daños causados por los perros que vivan en el hogar, sino que se limita a afirmar que el tomador del seguro no es dueño ni poseedor del animal. Se fundamenta la aseguradora, que para ellos, en que, las precitadas condiciones particulares de la póliza, figura como residentes habituales en la vivienda solo una persona.

El TS entiende:

«Ahora bien, la acción directa del perjudicado es inmune a las excepciones que puedan corresponder al asegurador contra el asegurado, y dentro de ellas se encuentran las relativas a la declaración del riesgo y su agravación y, por ende, las concernientes a que la perra viva, en contra de lo declarado, en la vivienda asegurada, y la

residencia en ella de una persona más, como es D.ª Estibaliz, lo que deviene un hecho indiscutido.

La actora propone la testifical de la dueña de la perra, del tomador del seguro y de la servidora de la posesión.

Con respecto a dichas pruebas, la demandada las reputa innecesarias, en la audiencia previa, cuando serían básicas para acreditar que el siniestro no está amparado en la póliza de seguro del hogar en la modalidad de "responsabilidad civil ampliada a la vida privada", basada en que el perro no vive en el domicilio -en contra de la presunción de que lo hace con el propietario- o que la dueña del perro no tiene ninguna relación con el tomador del seguro. En cualquier caso, desconocemos las condiciones de exclusión, no justificadas por la compañía, y no podemos darlas por acreditadas.

Por otra parte, tampoco le corresponde justificar a las demandantes el peso de la perra que, además, es hembra y mestiza de Beauceron, y que la sentencia, sin que nadie hubiera cuestionado tal dato, ni propuesto prueba alguna para acreditarlo (art. 282 LEC), considera excede de 20 kg.

Por consiguiente, consideramos el siniestro cubierto por la póliza».

Otra sentencia en el mismo sentido es la dictada por la **Audiencia Provincial de Guadalajara n.º 286/2024, de 28 de junio, ECLI:ES:APGU:2024:376**, que ha estimado parcialmente el recurso de una aseguradora contra la sentencia de primera instancia que sí había declarado su responsabilidad en un suceso acaecido con un perro.

El origen del conflicto, en este caso, se encuentra en el ataque de un perro a una persona mientras estaba en compañía de una de las demandadas. El juzgado de primera instancia declaró que correspondía a la aseguradora el pago de 3.092,39 euros más el interés previsto en el **artículo 20 de la LCS**, así como las costas procesales.

La entidad apelante alegó que en el momento del accidente el perro no se encontraba con su propietaria sino con su hija, por tanto, ella debía ser la única responsable de los daños sufridos, pues la aseguradora solo responde por la propietaria del animal, tomadora del seguro.

En su apelación, la empresa aseguradora hace una interpretación del art. 1905 **del CC**, que establece un concepto amplio de poseedor, y señala que ordinariamente debe quedar excluido de responsabilidad civil quien meramente sea el propietario y haya cedido la posesión o servicio del animal a un tercero bajo cuya tenencia se produzca el daño.

No obstante, razona la audiencia que esa interpretación puede «resultar dudosa» cuando se trata de un perro cuya posesión corresponde momentáneamente a un integrante de la familia, puesto que, necesariamente ha de figurar a nombre de uno de sus miembros, pero en realidad cualquier persona del núcleo familiar puede entenderse como propietario y poseedor. Para la aseguradora sería necesario que las codemandadas convivieran y que la poseedora del animal dependiera económicamente de la propietaria lo cual no se ha acreditado que eso ocurra.

8.
RESPONSABILIDAD PENAL DERIVADA DE ACTUACIONES DE LOS ANIMALES

En cuanto a la responsabilidad penal en relación con los animales hay que distinguir entre los delitos contra los animales y los delitos derivados de la actuación de los animales. Respecto de los primeros simplemente señalar que trata «De los delitos contra los animales», el título XVI bis del libro II del Código Penal —artículos 340 bis, 340 ter, 340 quater y 340 quinquies— contemplando las siguientes conductas:

- Lesiones a los animales: que requieran tratamiento veterinario para el restablecimiento de su salud, agravadas o que no requieran dicho tratamiento.
- Fallecimiento del animal.
- Maltrato grave sin causarle lesiones.
- Abandono del animal con peligro para su vida o integridad.

> **A TENER EN CUENTA.** La regulación de los delitos contra los animales deriva de la reforma operada por la Ley Orgánica 3/2023, de 28 de marzo, en vigor desde el 18 de abril de ese mismo año. Esta norma modifica la rúbrica del título XVI, libro II del CP, eliminando la referencia del mismo a los animales domésticos y, consecuentemente, suprimiendo los artículos 337 y 337 bis del CP, creando un nuevo título (XVI bis, libro II) relativo a los delitos contra los animales que comprende los nuevos artículos 340 bis, 340 ter, 340 quater y 340 quinquies del CP.

Por otro lado, ¿se puede exigir responsabilidad penal en caso de daños causados por los animales? La respuesta ha de ser afirmativa, si bien, cabe analizar estos casos desde el punto de vista de la imprudencia y su graduación, siendo especialmente frecuentes los delitos de lesiones, aunque pueden citarse también delito de homicidio y el de daños.

A TENER EN CUENTA. Antes de la reforma del CP llevada a cabo por la Ley Orgánica 1/2015, de 30 de marzo, por la que se deroga el libro III del CP relativo a las faltas, se contemplaba la responsabilidad penal de los dueños o encargados de la custodia de «animales feroces o dañinos» que los dejen sueltos o en condiciones de causar mal en el artículo 631 del CP, dentro de las faltas contra los intereses generales y se castigaba tal actuación con pena de multa de uno a dos meses. Esta conducta queda despenalizada con la supresión de las faltas.

Centrándonos en los casos de responsabilidad penal por tenencia de animales que se pueden dar en la actualidad, cabe destacar que se tratan de comportamientos imprudentes, es por ello que es de especial importancia el análisis de los **tipos de imprudencia existentes** hoy en día tras las reformas operadas en el Código Penal, especialmente por la LO 1/2015, de 30 de marzo, y la LO 2/2019, de 1 de marzo.

Tipos de imprudencia: grave, menos grave y leve

Se puede distinguir así entre **imprudencia grave, menos grave y leve**, y la calificación en uno de estos grupos determina que exista o no responsabilidad penal. **¿Qué significa lo anterior?** Pues que en el caso de daños causados por los animales solo puede dar lugar a responsabilidad penal el homicidio o las lesiones causadas por imprudencia grave o menos grave (art. 142 y art. 152 del CP) y los daños causados por imprudencia grave (art. 267 del CP).

Por tanto, no cabe hablar de responsabilidad penal cuando la imprudencia se califique como leve. Esto es así porque, tras la despenalización de las faltas, la imprudencia leve se reconduce por la vía civil. En este sentido, señala **la sentencia del Tribunal Supremo n.º 805/2017, de 11 de diciembre, ECLI:ES:TS:2017:4867**, que:

> «La Ley Orgánica 1/2015, de 30 de marzo, de reforma del Código Penal, ha procedido a una **despenalización de la imprudencia leve**, dibujando nuevos conceptos, imprudencia grave y menos grave en los tipos imprudentes de los arts. 142 y 152 del Código Penal .
>
> Las razones de la distinción es la **modulación de la imprudencia delictiva entre grave** y menos grave, lo que dará lugar a una mejor graduación de la responsabilidad penal en función de la conducta merecedora de reproche, pero al mismo tiempo permitirá reconocer supuestos de imprudencia leve que deben quedar fuera del Código Penal.
>
> (…)
>
> Como hemos dicho, la LO 1/2015, contempla la imprudencia grave y menos grave, quedando la **imprudencia leve reservada para el** ámbito **(civil) de la responsabilidad extracontractual**».

Y añade la citada sentencia que:

> «La **cuestión es pues si los conceptos imprudencia grave y menos grave son o no equivalentes a los anteriores de imprudencia grave y leve** y si, por tanto, ha habido una reducción de la intervención penal.
>
> En la doctrina científica, tras la entrada en vigor de la Ley Orgánica 1/2015, se pueden distinguir, fundamentalmente, **dos posturas** en torno

a la elaboración conceptual de la nueva categoría de imprudencia menos grave -y su relación con la grave-. En primer lugar, la que tiende a **identificar la imprudencia menos grave con la antigua leve**, y junto a ella la de quienes la construyen como **una tipología de imprudencia intermedia más intensa que la leve anterior**, por lo que se separaría de esta última, nutriéndose de supuestos más graves y sin detraer ninguno de la imprudencia grave. En segundo lugar, la que **elabora la nueva imprudencia menos grave** como desgajada o separada de la grave, al alimentarse de sus conductas más leves, con las consiguientes repercusiones en el derecho transitorio centradas en la posibilidad de aplicación retroactiva de la nueva categoría como más beneficiosa.

La **imprudencia menos grave no puede equipararse a la antigua imprudencia leve**. Por otra parte, la nueva imprudencia menos grave **tampoco se integra totalmente en la imprudencia grave**, y no se nutre de las conductas más leves de la imprudencia, sino que constituye una nueva categoría conceptual. La nueva modulación de ese nivel de imprudencia delictiva contempla un matiz diferenciador de grados o niveles de gravedad; la vulneración del deber de cuidado es idéntica en una y otra y la diferencia está en la intensidad o relevancia -la imprudencia leve atípica vendría referida, por exclusión de las otras dos categorías, a la vulneración de deberes de cuidado de insuficiente entidad o relieve y de mayor lejanía a la imprudencia grave-».

Entonces **¿qué se entiende por imprudencia grave?** La jurisprudencia viene entendiendo como tal «(…) la omisión de la diligencia más intolerable, mediante una conducta activa u omisiva, que causa un resultado dañoso y que se encuentra causalmente conectada normativamente con tal resultado, mediante la teoría de la imputación objetiva, que, partiendo de un previo lazo naturalístico, contribuye a su tipificación mediante un juicio basado en la creación de un riesgo no permitido que es el que opera como conexión en la relación de causalidad».

¿Y por imprudencia menos grave? La define la **STS n.º 805/2017, de 11 de diciembre, ECLI:ES:TS:2017:4867**, como «(...) la constitución de un riesgo de inferior naturaleza, a la grave, asimilable en este caso, la menos grave, como la infracción del deber medio de previsión ante la actividad que despliega el agente en el actuar correspondiente a la conducta que es objeto de atención y que es la causalmente determinante, única o plural, con el resultado producido, de tal manera que puede afirmarse que la creación del riesgo le es imputable al agente, bien por su conducta profesional o por su actuación u omisión en una actividad permitida social y jurídicamente que pueda causar un resultado dañoso (...)».

En la misma línea, cabe citar la **sentencia del Tribunal Supremo n.º 421/2020, de 22 de julio, ECLI:ES:TS:2020:2533**, que en relación con infracciones de tráfico trata de determinar, sin el éxito pretendido, los conceptos de las tres variantes de imprudencia en los siguientes términos:

«a) Una **imprudencia grave** si el Juez o Tribunal lo estima así a la vista de las circunstancias que implican esa mayor magnitud de la infracción del deber de cuidado.

b) Una **imprudencia menos grave**, que, según esa pauta, debiera ser lo ordinario, aunque aquí se imponen matices.

c) Una **imprudencia** leve si el Juez o Tribunal no aprecia entidad suficiente en la infracción como para categorizarla penalmente de menos grave, en supuestos que tampoco serán insólitos o excepcionales».

Asimismo, resulta ilustrativa la **sentencia del Tribunal Supremo n.º 284/2021, de 30 de marzo, ECLI:ES:TS:2021:1159,** que citando las anteriores se pronuncia en idéntico sentido.

¿En qué casos puede apreciarse responsabilidad penal por daños derivados de animales?

A los efectos de condenar penalmente al dueño o poseedor de un animal que causa daños a personas, cosas o a otros animales cabe analizar, desde un punto de vista práctico, diferentes supuestos. Los más frecuentes responden a delitos de lesiones, pero también puede hablarse de casos de homicidio y de delitos de daños, todos ellos en su modalidad imprudente.

Pero entonces **¿no cabe apreciar la modalidad dolosa al exigir responsabilidad penal por el ataque de un animal?** Esta posibilidad sería viable en relación con aquellos delitos en los que el autor material de los mismos los cometa utilizando como instrumento para ello al animal en sí. A título de ejemplo, podemos hacer referencia al **auto de la Audiencia Provincial de Girona n.º 331/2020, de 4 de agosto, ECLI:ES:APGI:2020:960A.**

En él se plantea la posible comisión de un delito de maltrato animal del antiguo artículo 337.3 del CP, cuando un perro, propiedad del recurrente, es atacado por dos perros, propiedad de la denunciada, que iban sueltos y sin bozal y que le causan la muerte. Para que se aprecie tal delito **es necesario acreditar que la denunciada utiliza a sus perros como instrumento para matar al animal del recurrente,** lo cual no sucede en este caso. Así, señala el auto que:

> «(...) En este contexto, **no es necesaria una acción directa lesiva,** bastando con someter al animal a condiciones que le comporten las indicadas lesiones.
>
> 2.4. En el presente caso, el **comportamiento lesivo no lo lleva a cabo la persona acusada sino otros animales de su propiedad.** De tal forma que no es la persona acusada la que de forma directa causa la lesión mortal de Black.
>
> 2.5. Cuando es otro animal el que causa las lesiones, como en el caso de autos, podría señalarse a la propietaria de ese animal como la autora de las mismas si utiliza al animal como instrumento. En esos casos, puede afirmarse que el animal atacante es el instrumento utilizado por la autora para maltratar al animal lesionado. Comportamiento este que quedaría recogido por la norma del art. 337 del Código Penal».

A TENER EN CUENTA. El auto citado hace referencia al delito previsto en el artículo 337.3 del CP relativo a causarle la muerte a un animal, si bien el mismo ha sido **suprimido** por la reforma operada por la LO 3/2023, de 28 de marzo, en vigor desde el 18/04/2023. No obstante, se mantiene la conducta de causar la muerte a los animales en el nuevo artículo 340 bis, apartado 3, del CP.

‖ Lesiones imprudentes (art. 152 del CP)

Es este el caso más frecuente en la práctica. **¿Cuáles son los requisitos necesarios para apreciar este delito cuando un animal ataca a una persona causándole lesiones?** De la dicción del artículo 152 del CP se infieren como tales, de un lado, que la imprudencia sea grave o menos grave y, de otro lado, que la consecuencia del ataque imprudente origine alguna de las lesiones previstas en los art. 147.1, art. 149 o art. 150 del CP. Las penas serán diferentes atendiendo al tipo de imprudencia de que se trate y a la lesión causada.

Antes de la reforma de 2015 —ya citada— se contemplaba un tipo penal específico para los casos de lesiones causadas por un animal, suprimido este solo queda su sanción penal en los casos de imprudencia grave o menos grave. En este sentido señala el **auto de la Audiencia Provincial de Almería n.º 554/2023, de 31 de octubre, ECLI:ES:APAL:2023:1790A**, que:

> «(...) antes de 2015 se contemplaba un tipo penal para estos casos, pero tras al reforma del CP desaparecen las faltas y lesiones por imprudencia leve (art. 621 CP), o las mordeduras de perro (art. 631.1CP) la responsabilidad parece a priori solo derivarse a la vía civil.
>
> (...), conforme a reiterada jurisprudencia, tras la reforma operada en el Código Penal por la LO 1/2015, las únicas vías para dar cabida penal a los hechos consistentes en lesiones por mordedura de perro (que no es el caso, puesto que como consta en el parto médico que se cayó la perjudicada porque el perro se dirigió a otro perro) son dos:
> 1ª. La utilización del perro como arma de ataque contra cualquier persona de forma intencionada.
> 2ª. La consideración de que dichas lesiones se hayan producido por imprudencia grave o menos grave».

Como se refleja en los **autos de la Audiencia Provincial de Cádiz n.º 337/2023, de 12 de septiembre, ECLI:ES:APCA:2023:679A, y n.º 421/2023, de 30 de octubre, ECLI:ES:APCA:2023:849A**, hasta la reforma llevada a cabo por la LO 2/2019, de 1 de marzo, solo era constitutiva de delito la imprudencia menos grave que generase una de las lesiones previstas en los artículos 149 o 150 del CP, si bien con aquella norma se añade también el caso de que ocasionen las lesiones previstas en el artículo apartado 1 del 147 del CP hasta el momento solo comprendidos en la imprudencia grave. Con ello, se amplían los casos de responsabilidad penal por daños causados por animales. Así pues, los hechos acaecidos en las resoluciones citadas sí serían, con la nueva redacción, susceptibles de generar responsabilidad penal.

Finalmente, un caso en que se reconoce la concurrencia de un **delito de lesiones por imprudencia grave** ante el ataque de un perro se contempla en la **sentencia del Tribunal Supremo n.º 632/2024, de 20 de junio, ECLI:ES:TS:2024:3623**. En este supuesto, una mujer sale a pasear con su perro suelto y sin bozal, sabiendo que se trata de un animal potencialmente peligroso y consciente del riesgo para las personas con las que se encuentre. En el paseo el perro se abalanza sobre una menor, de 5 años de edad, que se encontraba en un parque infantil, y le muerde causándole determinadas lesiones. El juzgado de lo penal condena a la propietaria del perro como responsable de un delito de lesiones por imprudencia grave.

Interpuesto recurso de apelación, la audiencia estima el recurso, revoca la sentencia y absuelve a la dueña del perro al entender que «(...) si bien los hechos debían ser calificados como constitutivos de una imprudencia menos grave con resultado de lesiones, en la fecha en que tuvieron lugar eran atípicos, en la medida en que hasta la vigencia de la LO 2/2019, 1 de marzo, no se consideró sancionable la imprudencia menos grave con resultado lesiones del art. 147.1 del CP».

Contra este pronunciamiento se interpone recurso de casación basado en que los hechos son, en todo caso, constitutivos de imprudencia grave y ello en base a la secuencia fáctica admitida, y así el Tribunal Supremo recoge:

> «La Sala tiene que hacer suyo el razonamiento del Juez de lo Penal cuando en el FJ 2° de la sentencia de instancia razona la gravedad de la imprudencia en los siguientes términos: "... Y en el caso que nos ocupa la acusada, a sabiendas de que su American Staffordshire Terrier pertenecía a una raza de perros potencialmente peligrosos (en ningún momento, durante el juicio, se ha puesto en duda que conociera tal condición del animal) faltó a las más elementales reglas de prudencia, con infracción de las normas reglamentarias antes enumeradas, y puso en riesgo la integridad física de las personas con la que se pudiera encontrar el animal (...) la acusada incurrió en una imprudencia de carácter grave al infringir la normativa reglamentaria dictada al efecto, llevando a " DIRECCION000 " sin correa 'y sin bozal y sin prever la posibilidad de que su perro, siendo de cierto tamaño y de una raza de fuerte carácter, pudiera atacar a alguien en la zona urbana y poblada en la que se encontraba".
>
> Por cuanto antecede, **procede la estimación del recurso promovido por el Ministerio Fiscal. Los hechos han de ser calificados como constitutivos de un delito de imprudencia grave del art. 152.1.1 del CP, con resultado lesiones del art. 147 del mismo texto legal**».

‖ Homicidio imprudente (art. 142 del CP)

En relación con los casos de homicidio por imprudencia del artículo 142 del CP que puedan apreciarse cuando se produce el ataque de un animal a una persona, puede traerse a colación el supuesto previsto en la **sentencia de Juzgado de lo Penal de Alicante n.° 120/2022, de 26 de abril, ECLI:ES:-JP:2022:10**, en la que una persona resulta atacada por seis perros que se escapan de la finca donde residen. La víctima sufre numerosas lesiones y días después del ataque termina falleciendo por insuficiencia respiratoria que deriva de la complicación del proceso traumático consecuencia de las lesiones causadas por el ataque y favorecida por las patologías previas del finado.

Se resuelve este caso condenando a los encausados como responsables de un delito de homicidio por imprudencia grave dado que fallaron en el deber de cuidado exigible para la custodia de sus perros, considerados peligrosos por su tamaño y comportamiento. La falta de diligencia en la vigilancia de los perros y el conocimiento previo de la peligrosidad de estos justificaron la imposición de responsabilidad penal a los encausados. La relación de causalidad entre el ataque de los perros y el fallecimiento fue confirmada, considerando que las lesiones recibidas desencadenaron la muerte, a pesar de sus patologías previas.

|| Daños

En el caso de daños materiales causados por los animales, para que se califiquen como delito imprudente hay que acudir a la figura prevista en el artículo 267 del CP, si bien su apreciación resulta difícil en la práctica toda vez que para ello se exige, de un lado, la concurrencia de **imprudencia grave** y, de otro lado, que **la cuantía de los daños exceda de 80.000 euros**.

Estos requisitos tienen reflejo en el caso previsto en el **auto de la Audiencia Provincial de Ciudad Real n.° 154/2023, de 3 de mayo, ECLI:ES:AP-CR:2023:61A**, cuando señala:

> «Evidentemente corresponde al poseedor, custodio o propietario de los perros pertenecientes a una rehala adoptar las precauciones necesarias para que no causen daño a los bienes o a los animales de terceros, y la omisión de dicha obligación, confiere al propietario del ganado afectado, en su caso, el derecho de reclamar la indemnización por los daños producidos de conformidad con la responsabilidad prevista en el art. 1905 del código civil. Como señala el Ministerio Fiscal, los hechos cometidos por la omisión de dichas precauciones causando los animales un mal a tercero, a otros animales o los bienes, no son tipificados como delito y ni siquiera desde la perspectiva de los daños imprudentes, aunque no se efectuase tasación, conlleva a valorar razonable la pretensión de investigación penal del apelante, pues **los daños por imprudencia leve no son típicos y solo lo son los cometidos por imprudencia grave cuando superan los 80.000 euros**. (art. 267 del código penal)».

En el mismo sentido, podemos citar el **auto de la Audiencia Provincial de Pontevedra n.° 450/2023, de 28 de junio, ECLI:ES:APPO:2023:1318A**.

Para terminar, cabe destacar el supuesto recogido en el **auto de la Audiencia Provincial de Cantabria n.° 315/2024, de 1 de julio, ECLI:ES:APS:2024:686A**, por el que se descarta que los hechos causados por los perros propiedad del denunciado a las ovejas y corderos de un vecino sean constitutivos de un delito excluyéndose los daños del artículo 263 del CP, los del artículo 267 del CP y el maltrato animal previsto en el artículo 340 bis del CP. Así se establece:

> «(...) a la vista de los hechos denunciados los mismos **no son constitutivos de un delito de daños del artículo 263 del Código Penal** por cuanto los mismos fueron supuestamente causados por unos perros que se escaparon de la finca de sus dueños. No hay elemento alguno para entender que dichos daños fueran causados dolosamente por el propietario de los mismos.
> (...)
> Por los mismos argumentos **ante la falta más absoluta de constancia de la participación de los propietarios de los perros o de cualquier otra persona en la causación de los hechos tampoco pueden constituir un delito de maltrato animal** del artículo 340 bis del Código Penal.
> Por último, los hechos denunciados **tampoco pueden constituir un delito de daños imprudentes del artículo 267 del Código Penal** por cuanto la valoración de éstos en forma alguna puede llegar a la cantidad de 80.000 euros exigida en el artículo 267 para la comisión del delito; todo ello, como acabamos de señalar, **sin perjuicio de las acciones civiles** que pudiera ejercitar el denunciante en defensa de sus derechos e intereses legítimos».

9.
PROCEDIMIENTO PARA RECLAMAR LOS DAÑOS Y PERJUICIOS DERIVADOS DE LESIONES CAUSADAS POR ANIMALES

En primer lugar, en cuanto a la responsabilidad extracontractual, el Tribunal Supremo en su **sentencia n.º 804/2003, de 22 de julio, FCLI:ES:TS:2003:5287**, determina que la responsabilidad por culpa extracontractual requiere para su apreciación:

- La concurrencia de una acción u omisión imputable al agente.
- Culpa o negligencia por parte de este.
- La realidad del daño.
- Nexo o relación de causalidad entre la acción, la omisión y el daño causado.

En ambos casos, la reclamación se articulará a través de demanda declarativa de responsabilidad y de reclamación de indemnización por daños y perjuicios.

Si bien, a falta de norma específica por razón de la materia, la demanda seguirá los cauces del juicio ordinario o verbal en función de si la cuantía es superior o no a 15.000 euros, de conformidad con lo dispuesto en el **artículo 248 de la LEC**.

«1. Toda contienda judicial entre partes que no tenga señalada por la Ley otra tramitación, será ventilada y decidida en el proceso declarativo que corresponda.
2. Pertenecen a la clase de los procesos declarativos:
1.º El juicio ordinario.
2.º El juicio verbal.
3. Las normas de determinación de la clase de juicio por razón de la cuantía sólo se aplicarán en defecto de norma por razón de la materia».

Por lo tanto, las acciones de juicio ordinario o verbal no plantean mayor problemática ni merecen mayor consideración, a excepción de la prescripción que tratamos en el siguiente punto.

A TENER EN CUENTA. La cuantía mencionada correspondiente tanto al juicio ordinario como al juicio verbal ha sido modificada por el Real Decreto-ley 6/2023, de 19 de diciembre, con entrada en vigor el 20 de marzo de 2024. Anteriormente, la cuantía estaba fijada en 6.000 euros.

¿Cuál es el plazo de prescripción de la acción para reclamar la indemnización por daños y perjuicios causados por animales?

De acuerdo con el artículo 1968 del CC, apartado 2, y como nos encontramos ante una responsabilidad extracontractual:

«Prescriben **por el transcurso de un año:**
(...)
2.º La acción para exigir la responsabilidad civil por injuria o calumnia y por las obligaciones derivadas de la culpa o negligencia de que se trata en el artículo 1.902, desde que lo supo el agraviado».

En cuanto al cómputo, debemos acudir a lo que dispone el artículo 1969 del CC: «El tiempo para la prescripción de toda clase de acciones, cuando no haya disposición especial que otra cosa determine, se contará desde el día en que pudieron ejercitarse».

Es decir, el plazo de un año comenzará a contar, generalmente, **cuando el perjudicado recibe el alta médica**, momento en el que realmente toma conciencia de la entidad y consecuencias del daño, ya que el alta médica es el momento en que se estabilizan las lesiones y se concretan las secuelas, determinándose así el daño personal y los conceptos indemnizables.

Si bien y, a modo de ejemplo, **en caso de una invalidez,** no puede entenderse **como fecha inicial del cómputo la fecha del alta en la enfermedad, sino la de la determinación del efecto de invalidez de las secuelas,** es decir, el momento en que queda determinada la incapacidad o los defectos permanentes originados, pues hasta que no se conoce su alcance no puede reclamarse con base en ellas. En este sentido, la **sentencia del Tribunal Supremo n.º 480/2013, de 19 de julio, ECLI:ES:TS:2013:4093,** que aunque no se refiera a un caso de daños provocados por un animal, establece que «esta doctrina obedece, en atención al principio de indemnidad, a la necesidad de preservar el derecho del perjudicado a ser íntegramente resarcido en situaciones en que no ha podido hasta entonces conocer en su totalidad el alcance de su daño, por causas en modo alguno imputables a su persona o comportamiento (...)».

Por su parte, la **sentencia de la Audiencia Provincial de Alicante n.º 14/2022, de 18 de enero, ECLI:ES:APA:2022:58** establece:

«Concretamente, merecen destacarse los siguientes aspectos contenidos en el fundamento jurídico tercero de dicha resolución del Alto Tribunal: - una constante jurisprudencia viene proclamando que el día inicial del cómputo del plazo del año del art. 1968.2 del CClo **adquiere el perjudicado** al producirse el alta médica, que es cuando realmente toma constancia de la entidad y consecuencias del daño; - este es el momento en que se declaran estabilizadas las lesiones y se concretan las secuelas o, lo que es igual, se determina en toda su dimensión el daño personal y los conceptos que han de incluirse en la indemnización; - el demandante no puede conocer, por sí mismo, si se habían agotado las posibilidades de curación, si existían otros tratamientos alternativos o complementarios o si, por el contrario, se había producido la consolidación o estabilización definitiva de sus lesiones, elementos de necesario conocimiento que no adquirió hasta que se le da el alta por el servicio de traumatología, que es el que cuenta con los saberes especializados; - la sentencia de la Audiencia confunde el día inicial del cómputo del plazo prescriptivo del art. 1968.2 CC, coincidente con el alta médica, con el debate jurídico sobre la estabilización de las lesiones sufridas, a la hora de determinar la incapacidad temporal, en su caso con secuelas, y su correlativa traducción económica, resultado de la actividad probatoria desplegada en el juicio; - es posible que se fije en sentencia el día de estabilización con anterioridad al alta médica; - no se puede pues identificar la actuación del médico tratante, que da el alta, con la del facultativo valorador; - el perjudicado, que no es técnico en medicina, sólo adquiere constancia del efectivo daño corporal sufrido al recibir el alta; - es a partir de ese momento cuando se inicia el plazo de la prescripción, siendo cuestión distinta la discusión del efectivo alcance del daño padecido; - la determinación de la fecha de la incapacitación temporal con la consolidación de las secuelas, en el caso de su judicialización, se determina, a posteriori, tras la presentación de la demanda y la valoración de periciales médicas, en no pocas ocasiones contradictorias; - la jurisprudencia de esta sala obedece a la necesidad de preservar el derecho del perjudicado a ser íntegramente resarcido en situaciones en que no ha podido, hasta el alta médica, conocer en su totalidad el alcance del daño corporal sufrido por causas en modo alguno imputables a su persona o comportamiento.

El mismo criterio se mantiene en la STS 275/2021, de 10 de mayo, por lo que puede considerarse como jurisprudencia consolidada».

A la vista de lo anteriormente expuesto, **el inicio del cómputo coincidirá con el alta del paciente, pero esta regla no debe ni puede extenderse a todos los supuestos pues puede que en ese momento sea indeterminado el alcance de todos los daños o las secuelas.** En este sentido es preciso conocer la doctrina que diferencia los daños continuados, permanentes y las secuelas:

- **Daños continuados:** mientras continúan los daños derivados de una actuación negligente y culpable, no puede iniciarse el cómputo de la prescripción, sino que dicho cómputo debe esperar al momento en que se conozca el último desenlace de la serie temporal en que se despliega el total resultado dañoso (entre otras, **sentencia del Tribunal Supremo n.º 355/2009, de 27 de mayo, ECLI:ES:TS:2009:3292).**

- **Daños permanentes:** son aquellos que persisten en el tiempo. El cómputo comienza en este caso desde el día en que el perjudicado tuvo conocimiento real del daño, pues en caso contrario se correría el riesgo de la imprescriptibilidad de la acción.

– **Secuelas**: si las lesiones causadas dejan secuelas físicas o psíquicas susceptibles de curación o mejora mediante el oportuno tratamiento continuado de las mismas, el cómputo del plazo se iniciará cuando se conozca el alcance o efecto definitivo de estas consecuencias y el tratamiento de las mismas.

CUESTIÓN

Un perro que corría suelto por un camino muerde a una persona ocasionándole distintas lesiones. Esta persona recibe el alta médica pero todavía no ha averiguado la identidad del propietario del animal. ¿El plazo de prescripción de 1 año para interponer la acción de reclamación de daños y perjuicios comenzará a contar desde que la persona recibe el alta médica?

No, el **dies a quo** en este caso comenzará a contar desde que el perjudicado conozca la identidad de las personas contra las que tiene que dirigir la acción, así lo establece claramente la **sentencia del Tribunal Supremo n.º 350/2020, de 24 de junio, ECLI:ES:TS:2020:1998**: «Tanto la sentencia de primera instancia como la de apelación fijan el dies a quo para el ejercicio de la acción a partir de la fecha en que el perjudicado conoció el alcance del daño personal y material sufrido, prescindiendo del conocimiento por dicho perjudicado de la identidad del responsable. No obstante, la redacción del artículo 1969 del Código Civil no admite duda acerca de que el tiempo para para la prescripción de acciones "se contará desde el día en que pudieron ejercitarse" y lógicamente no puede ejercitarse la acción cuando no se conoce la identidad de aquél o aquéllos frente a los que ha de dirigirse, con independencia de que el perjudicado cuente desde antes con los datos objetivos referidos a la cuantía del daño o perjuicio causado».

ANEXO I.
CASOS PRÁCTICOS

Caso práctico | ¿Quién es responsable en un accidente de tráfico en autopista si lo provoca la irrupción de un animal en la calzada?

PLANTEAMIENTO

En una autopista gestionada por la concesionaria «X» se produce un accidente de tráfico provocado por la irrupción de un jabalí en la calzada. En los lindes de la vía existe un coto de caza gestionado por la entidad «Y» del que resulta acreditado proviene el animal. Asimismo, consta que la conductora del vehículo siniestrado que sufre los daños circulaba a una velocidad superior a la permitida en ese tramo de la autopista.

Entonces, ¿quién responde en este caso de los daños?, ¿existe culpa exclusiva de la víctima?

RESPUESTA

Para dar respuesta a las cuestiones planteadas resulta especialmente interesante el caso previsto en la sentencia de la **Audiencia Provincial de La Rioja n.º 47/2014, de 19 de febrero, ECLI:ES:APLO:2014:135.**

Ante los hechos planteados cabe hablar de una responsabilidad solidaria entre la concesionaria de la autopista y el coto de caza del que proviene el jabalí, así como una moderación de dicha responsabilidad por los efectos que en el accidente tuvo la falta de diligencia de la conductora al exceder la velocidad permitida.

En primer lugar, cabe hablar de la responsabilidad de la concesionaria de la autopista. Su obligación de responder deriva de las particulares características de la vía, toda vez que este tipo de carreteras exigen estar cerradas. Sus titulares deben garantizar que ningún animal acceda a la vía, independientemente de donde proceda, y como consecuencia adoptar todas las medidas necesarias para evitar este tipo de accidentes. Por lo tanto, resulta clara en este caso la responsabilidad de la concesionaria de la autopista por incumplimiento de su obligación de garantizar la seguridad de la vía atendidas las particulares características de la misma.

La obligación de responder de la concesionaria no impide, sin embargo, la concurrencia de otras responsabilidades. Así pues, en segundo lugar, cabe hacer referencia a la responsabilidad del coto de caza colindante con la autopista del que procede el animal. En este sentido, los titulares de cotos cinegéticos responden, bien de la propia acción de caza cuando el animal accede a la vía en el curso de la batida, bien cuando el acceso se produzca por no haber adoptado las prevenciones necesarias para evitar aquel.

Pues bien, en el caso que nos ocupa, acreditado que el jabalí procede del coto, es indudable que el mismo incurre en responsabilidad por los daños derivados del accidente. No obstante, la duda surge en cuando a la concurrencia de responsabilidad entre el coto y la concesionaria, ¿son excluyentes entre sí estas responsabilidades? La respuesta ha de ser negativa, son responsabilidades independientes, de manera que el coto de caza es responsable con independencia de las características de la calzada.

En definitiva, de los daños derivados del accidente responden la concesionaria y el coto de caza de forma solidaria y conjunta.

Finalmente, en cuanto a la posible culpa de la víctima, conductora del vehículo siniestrado, por circular de forma negligente a más velocidad que la permitida, cabe señalar que no puede atribuírsele a la misma la responsabilidad principal del accidente de modo que se aprecie culpa exclusiva de la misma como causa de exoneración de responsabilidad, si bien sí cabe apreciar una reducción del grado de responsabilidad del coto y la concesionaria, por cuanto su conducta pudo agravar las consecuencias del siniestro.

En sentido, declara la **SAP de La Rioja n.º 47/2014, de 19 de febrero, ECLI:ES:APLO:2014:135**, que:

«Asimismo, tampoco procede estimar que exista por parte de dicha conductora, Adelina (conductora del vehículo matrícula ....-QZY) la responsabilidad principal del mismo, sino que, siguiendo la apreciación de la juzgadora a quo respecto a la influencia de la velocidad que llevaba el vehículo en el momento de los hechos, como concausa en su realización, no puede ser superior al 10% que se fija en la sentencia incurrida, habida cuenta lo lógico e inesperado de la irrupción del animal en una vía protegida en cuanto a esas posibilidades, al encontrarse perfectamente vallada y separada, con la consiguiente confianza por parte del que conduce el vehículo en relación con eventos como el ocurrido, y la lógica reacción de todo conductor ante esta inesperada y súbita ilusión de un animal ese tipo de vía».

Caso práctico | Acción de repetición entre aseguradoras por daños en ataque de perros

PLANTEAMIENTO

«A» sale de paseo con su perro y los de su progenitor, «B», todos ellos asegurados. Los lleva a todos sueltos y sin bozal a pesar de ser considerados perros de raza peligrosa. Durante el paseo los animales se ven enzarzados en una pelea de la que una persona resulta lesionada, sin que pueda determinarse cuál de los tres perros le causa los daños.

Exigida responsabilidad por los hechos en la vía penal, se dicta sentencia condenatoria contra «A» y se reconoce responsabilidad civil derivada de la penal. La indemnización por los daños causados es asumida en su totalidad por la aseguradora del perro de «A», compañía «X».

Teniendo en cuenta que no se sabe cuál de los tres animales causa los daños, y que los perros de «B» están asegurados en la compañía «Y» ¿es posible que «X» ejerza acción de repetición contra «Y» por la parte de responsabilidad civil que les corresponde a sus asegurados?

RESPUESTA

Sí es posible que «X» ejercite acción de repetición contra «Y».

Resulta interesante en este caso la **sentencia de la Audiencia Provincial de** Álava **n.º 379/2024, de 11 de abril, ECLI:ES:APVI:2024:282**.

La acción penal se dirige contra «A» pues es el poseedor de los animales en el momento de los hechos, responsable, por tanto, de los daños que los mismos causan aun cuando no sean de su propiedad. Es él el que no adopta las precauciones necesarias en el paseo y con ello propicia el ataque de los perros con los consiguientes daños. Así pues, condenado «A» penalmente solo cabe determinar en esta vía su responsabilidad civil derivada de los hechos sin entrar en la posible concurrencia de otros responsables civiles.

En el caso en cuestión resulta imposible determinar el grado de responsabilidad de cada uno de los animales, por consiguiente, es la aseguradora de «A» la que en esta vía asume la totalidad de la indemnización establecida.

Pues bien, lo anterior no obsta, para que se pueda exigir a la aseguradora «Y» su parte de responsabilidad. Esto es así por cuanto en este caso es imposible determinar cuál de los animales ha causado los daños. Por lo tanto, en la vía civil la responsabilidad ha de ser compartida entre todos ellos, pudiendo ejercitarse por «X» la acción de repetición para recuperar la cantidad que abonó en tal concepto.

Así se sostiene en la sentencia citada cuando dice:

> «(…) la parte demandante ejerce con la demanda su derecho de repetición frente a la aseguradora demandada al haber sido la única que ha hecho frente a la totalidad de la indemnización generada por los daños causados por tres

perros asegurados en distintas compañías y si bien la responsabilidad penal se ha centrado en la persona que en el momento de los hechos se encontraba con la guarda de los animales y por ello eran de su responsabilidad, en la vía civil la responsabilidad no se debe acotar al responsable penal si, como es el caso, se ha acreditado y no es objeto de discusión pues es un hecho asumido por las partes, que los tres perros fueron causantes de los daños y que entre ellos no se puede delimitar la responsabilidad de cada uno por lo que el total de la indemnización puede repercutir en terceras partes en cada uno de ellos».

Caso práctico | Un hombre fallece de un infarto tras presenciar una pelea entre su perro y otro, ¿existe causalidad entre la muerte y la pelea de los perros?

PLANTEAMIENTO

Un perro de raza dóberman propiedad de «A» entra en el jardín de «B» y se enzarza en una pelea con el perro propiedad de «B» que se encontraba en dicha vivienda. «B» separó a los perros y se metió en el garaje de la vivienda cerrando la puerta, momento en el que sufrió un infarto, falleciendo minutos después.

Cabe apuntar que «B» es una persona de 66 años con una grave dolencia cardiaca.

¿Hay relación entre el infarto y la pelea del perro de «B»? Es decir, ¿hubo causalidad o casualidad?

RESPUESTA

Para dar respuesta a este práctico vamos a apoyar la respuesta en lo dispuesto en la sentencia de la Audiencia Provincial de Tarragona n.º 65/1998, de 3 de febrero, ECLI:ES:APT:1998:68.

Establece la AP de Tarragona que «debemos tener en cuenta que la causalidad va muy unida en este caso a la culpa de la víctima (...) y esto es que el resultado sea consecuencia virtual y suficiente de la determinación del evento dañoso, resulta que en este caso concurrió otra circunstancia relevante, la previa grave enfermedad del fallecido, sin la cual posiblemente no se habría producido su fallecimiento, causa que a su vez concurrió con una cierta imprudencia de la víctima, ya que conocedor (...) de su grave estado, debería haber dejado que su esposa intentase separarlos o intentarlo con otros métodos (manguerazo de agua) o incluso dejar que se peleasen».

De acuerdo con la audiencia, la conducta de la víctima, que pese a ser comprensible, «contribuyó fatalmente al resultado dañoso, puesto que el fallecimiento se produjo por el esfuerzo físico suplementario que podía haber evitado». Por lo tanto, hubo dos causas relevantes, la invasión del perro de «A» y la intervención de «B», pese a su enfermedad cardiaca, que por sí no hubieran dado lugar al desenlace, pero que juntas resultaron mortales, a la interacción ambas entre sí, sin que pueda darse relevancia a una u otra.

En conclusión, la AP determina que se reduzca la indemnización de los herederos de «B» al mediar culpa de la víctima.

Caso práctico | Un menor es mordido por el perro de su padre mientras jugaba. ¿Puede existir culpa exclusiva de la víctima?

PLANTEAMIENTO

«A» estaba jugando en el jardín con un perro raza American Staffordshire-blanca, propiedad de su padre y clasificado legalmente como perro potencialmente peligroso, por lo que disponía de un seguro de responsabilidad civil por los daños que pudiera causar el animal.

«A» estaba jugando con el mencionado perro a lanzarle un palo, y en un momento dado en el que «A» le mostró el palo y se acercó a besarle, el perro a la vez que atrapaba el palo mordió a «A» en la cara.

«A» tenía nueve años de edad y conocía perfectamente al perro de su padre desde siempre, habían jugado en numerosas ocasiones e incluso dormido juntos.

¿Responderá de los daños causados a «A» el seguro contratado para el animal pese a ser familiar del propietario del perro?

RESPUESTA

Para responder a este práctico vamos a basar nuestra respuesta en la **sentencia de la Audiencia Provincial de Burgos n.º 445/2017, de 29 de septiembre, ECLI:ES:AP-BU:2017:1000.**

Así, la responsabilidad por riesgo que se contempla en el artículo 1905 del CC significa que el perjudicado únicamente está obligado a probar la realidad del daño, que este ha sido causado por el animal y que el demandado era su poseedor en el momento en que se produjo el ataque. Para que el propietario del perro quede exonerado de responsabilidad debe probar que la única conducta culpable es la de la víctima, lo que supone que la conducta del responsable del perro sea intachable y haya adoptado las máximas cautelas.

Al tratarte de un perro potencialmente peligroso y, como ya se ha dicho, el padre del menor disponía del seguro de responsabilidad civil por daños a terceros. (La tenencia y disfrute del animal clasificado como peligroso queda condicionada necesariamente a la contratación del referido seguro).

Por lo tanto, afirma la AP de Burgos en la mencionada sentencia que «el bien jurídico que en este supuesto se protege en la ley es, fundamentalmente, la seguridad o integridad de las personas, basada en la responsabilidad objetiva que recae sobre el tenedor de un perro de esta clase, consecuencia de ello es que los perjudicados o víctimas de los daños cubiertos en una póliza **no pueden ser excluidos del beneficio que reporta un seguro obligatorio por la mera razón de ser miembros de la familia del tomador o del asegurador.** El seguro obligatorio debe permitir que la familia del tomador o del asegurador sea indemnizado por sus lesiones en las mismas condiciones que los demás terceros perjudicados por el siniestro previsto en la póliza. El tomador o asegurado tiene una expectativa razonable de que así sea cuando concierta el seguro obligatorio, y no se representa la posibilidad de que pueda haber perjudicados por la actividad o tenencia reglada de animales peligrosos que puedan quedar excluidos de indemnización por daños personales por el hecho de mantener con ellos vínculos familiares, en particular cuando como sucede en este caso concreto, el riesgo se asegura para un entorno doméstico».

Caso práctico | Posible culpa de la víctima por el medio de repeler el ataque de un perro

PLANTEAMIENTO

«A» y «B» estaban en un descampado urbano realizando tareas de preparación de las sesiones de terapia canina con tres perros, los cuales contaban con medios de sujeción adecuados. Sorpresivamente fueron atacadas por dos perros que aparecieron repentinamente, procedentes de una finca próxima, los cuales se abalanzaron sobre los animales de «A» y «B» causándoles múltiples mordiscos y resultando uno de ellos gravemente herido. Además, uno de los perros agresores cayó sobre la pierna de «A» causándole lesiones en la rodilla y en la pierna.

«A» para proteger a sus perros enganchó a dos de ellos, cogiendo a uno en brazos, siendo justo en ese momento cuando recibió los mordiscos que le causaron diversas lesiones y cayéndole uno de los perros atacantes sobre la pierna.

¿«A» podrá ser responsable de las lesiones que le ocasionaron los perros atacantes por los medios utilizados para repeler la pelea?

RESPUESTA

Para dar respuesta a este práctico vamos a basarnos en lo resuelto por la **sentencia de la Audiencia Provincial de Vigo n.º 17/2024, de 19 de enero, ECLI:ES:APPO:2024:168**.

En cuanto a la producción del resultado, el propietario de perros atacantes alega que los daños resultarían imputables causalmente a la conducta de «A», pues una vez que los perros se habían enzarzado entre ellos, «A» procedió a intentar separarles cogiendo a su perro en brazos, y fue en ese momento cuando recibió los mordiscos que le causaron las lesiones, y cayó uno de los otros perros sobre su pierna.

Si bien, en este caso, la AP de Vigo entiende que si el dueño de los perros atacantes los tuviera controlados no se hubiera producido el resultado, por lo que es absolutamente irrelevante la afirmación de que «A» puedo haber utilizado otros medios para separar a su perro y no cogerlo en vilo mientras se peleaban, contribuyendo de manera causal a la producción del daño.

Caso práctico | Accidente de circulación con animales en zona protegida

PLANTEAMIENTO

«A» estaba practicando deporte de motociclismo enduro por una vereda protegida por la ley estatal y autonómica sobre vías pecuarias.

Cabe advertir que «A» no disponía de permiso alguno para practicar motociclismo de enduro por esa zona.

Mientras «A» circulaba por la referida zona con la moto de enduro se le cruzó una cabra que estaba pastando por la zona con la que acaba chocando y provocándole diversas lesiones.

Las cabras que estaban pastando la zona no estaban supervisadas, estaban en pastoreo libre.

Cabe advertir también que «A» iba provisto de todas las medidas de seguridad adecuadas para practicar motociclismo de enduro, botas de competición, mono de competición, casco de competición, etc.

¿Tendrá éxito «A» si reclama una indemnización por las lesiones causadas en el siniestro con el animal?

RESPUESTA

Para dar respuesta al presente práctico nos vamos a apoyar en la argumentación dada por la **sentencia de la Audiencia Provincial de Málaga n.º 252/2019, de 30 de abril, ECLI:ES:APMA:2019:1299**, a un caso similar al analizado.

Así, la audiencia entiende que quien realiza una excursión en motocicleta de competición por el campo y sabe que discurre por un terreno en el que tienen preferencia el ganado y los vehículos de labores agrícolas, tiene que saber que existe posibilidad de encontrar en el mismo animales sueltos u otros obstáculos.

Por lo tanto, «A» no debía de estar en el lugar del accidente con una moto de competición y con traje de competición. Y es que, el lugar de los hechos es una vereda, protegida por la ley estatal y el reglamento autonómico sobre vías pecuarias, «A» por tanto, incurrió en varias actitudes negligentes, ya que no tenía autorización para circular por vía pecuaria, en concreto por la vereda en la que tuvo lugar el siniestro, y no podía tener autorización de ninguna manera pues no es una actividad permitida ya que su vehículo no era para un fin ganadero ni agrícola, de lo que se desprende que «A» tenía prohibido circular por la vereda con una moto de competición de enduro.

Si bien, en un caso similar a este se dio la razón en primera instancia a la persona que circulaba en una moto de competición de enduro por una vereda, no apreciando ninguna conducta negligente por parte del motorista,

En conclusión, lo más probable es que «A» no tenga éxito en sus pretensiones.

ANEXO II.
FORMULARIOS

Demanda de juicio ordinario en reclamación de cantidad por mordedura de perro a persona

AL JUZGADO DE PRIMERA INSTANCIA DE [LOCALIDAD]
QUE POR TURNO DE REPARTO CORRESPONDA

Don/Doña [NOMBRE], procurador/a de los tribunales y de **don/doña** [NOMBRE], tal y como se desprende de la copia de poder que adjunta se acompaña como **documento n.º** [NÚMERO], actuando bajo la dirección técnica del/de la letrado/a don/doña [NOMBRE], colegiado/a número [NÚMERO] del Ilustre Colegio de Abogados de [LOCALIDAD], ante el juzgado comparezco, y, como mejor proceda en derecho,

DIGO

Por medio del presente escrito y al amparo de lo establecido en los artículos 1902 y 1905 del CC, formulo **DEMANDA DE PROCEDIMIENTO ORDINARIO** en ejercicio de la acción de responsabilidad extracontractual en reclamación de la cantidad de [NÚMERO] euros **(1)**, frente a don/doña [NOMBRE], con DNI [NÚMERO] y domicilio en [DIRECCIÓN], **(2)** con base en los siguientes

HECHOS

PRIMERO.- Sobre las [HORA] horas, mi mandante iba caminando por la calle [DESCRIPCIÓN], cuando, de repente y sin motivo alguno, fue atacado/a por una perra que le mordió en el muslo de la pierna derecha.

La perra, propiedad del/de la demandado/a, es de raza [DESCRIPCIÓN], no llevaba bozal y tiene microchip con n.º [NÚMERO]. **(3)**

SEGUNDO.- Al lugar de los hechos acudieron tanto una dotación de la policía local como una ambulancia de [DESCRIPCIÓN], quienes realizaron sendos informes, que se acompañan como **documentos n.º** [NÚMERO] y [NÚMERO].

TERCERO.- Una vez en el centro médico [DESCRIPCIÓN], mi mandante fue diagnosticado/a de [DESCRIPCIÓN].

Se adjunta informe emitido por el médico que atendió a mi mandante como **documento n.º** [NÚMERO].

Asimismo, mi mandante encargó un informe pericial a don/doña [NOMBRE] que se adjunta como **documento n.º** [NÚMERO].

De dicho informe se desprende que la cantidad reclamada asciende a un total de [CANTIDAD] euros de conformidad con el siguiente desglose:

– [NÚMERO] días de hospitalización x [CUANTÍA] euros **(4)**: [CANTIDAD] euros.

– [NÚMERO] días impeditivos x [CUANTÍA] euros: [CANTIDAD] euros.

– [NÚMERO] días no impeditivos x [CUANTÍA] euros: [CANTIDAD] euros.

– Secuelas: [CANTIDAD] euros.

– TOTAL: [CANTIDAD] euros.

Se adjunta, como **documento n.º** [NÚMERO], toda la documentación médica relacionada. **(5)**

CUARTO.- Con estos antecedentes mi mandante intentó alcanzar una solución amistosa al conflicto plateado. Por ello, se efectuaron numerosos contactos con las demandadas si bien su falta de interés quedó patente y, en consecuencia, esta parte se ha visto obligada a interponer la presente demanda.

Se adjunta, como **documento n.º** [NÚMERO] copia de los burofaxes enviados por esta representación a ambas demandadas.

A los anteriores hechos son de aplicación los siguientes

FUNDAMENTOS DE DERECHO

PRIMERO.- JURISDICCIÓN Y COMPETENCIA

Es de aplicación lo estipulado en los artículos 21 y siguientes de la LOPJ, así como lo establecido en al artículo 36 de la LEC.

Por otra parte, es competente el juzgado al que me dirijo de conformidad con lo dispuesto en los artículos 45 y siguientes de la LEC, así como 50 y concordantes de la misma ley.

SEGUNDO.- CAPACIDAD Y LEGITIMACIÓN

Poseen ambas partes capacidad y legitimación suficiente de conformidad con lo estipulado en los artículos 6, 10 y concordantes de la LEC.

TERCERO.- REPRESENTACIÓN

Las partes deberán comparecer por medio de procurador y asistidas de letrado, de conformidad con lo expuesto en los artículos 23 y 31 de la LEC, al ser la cuantía del procedimiento superior a 2.000 €.

CUARTO.- CUANTÍA

Se establece la cuantía del procedimiento en [IMPORTE] euros, de acuerdo con lo dispuesto en el artículo 253 de la LEC, en relación con el artículo 251 de la misma ley.

QUINTO.- PROCEDIMIENTO

El procedimiento a seguir es el previsto para el procedimiento ordinario según dispone el artículo 249 de la LEC al superar la cuantía reclamada los 15.000 euros **(1)**.

SEXTO.- FONDO DEL ASUNTO

En cuanto al fondo del asunto son de aplicación los artículos 1902 y 1905 y también el 1093, todos ellos del CC **(6)**.

A nivel jurisprudencial interesa traer a colación la **STS n.º 1384/2007, de 20 de diciembre, ECLI:ES:TS:2007:8274**, según la cual:

> «En este sentido ha de partirse del contenido del artículo 1905 del Código Civil, que establece la obligación de reparar el daño causado por animales, atribuyendo dicha responsabilidad al poseedor del animal o a quien se sirva de él. El precepto dice literalmente: "El poseedor de un animal, o el que se sirve de él, es responsable de los perjuicios que causare, aunque se le escape o extravíe. Sólo cesará esta responsabilidad en el caso de que el daño proviniera de fuerza mayor o de culpa del que lo hubiese exigido".
>
> La jurisprudencia ha destacado el carácter objetivo de esta responsabilidad, basada en el riesgo consustancial a la tenencia o a la utilización en propio provecho de los animales, la cual exige tan sólo una casualidad material, estableciendo la presunción de culpabilidad del poseedor del animal o de quien se

sirve del mismo por su mera tenencia o utilización, con la única exoneración de los casos de fuerza mayor o de culpa del perjudicado. La Sentencia de 29 de mayo de 2003 expresa la doctrina, a su vez recogida en la de fecha 12 de abril de 2000, en los siguientes términos: "Con precedentes romanos (actio de pauperie), nuestro Derecho Histórico se preocupó de la cuestión en forma bien precisada, y así el Fuero Real (Libro IV, Título IV, Ley XX) obligaba al dueño de animales mansos (que incluía a los perros domésticos) a indemnizar los daños causados. La Partida VII, Título XV, Leyes XXI a XXIII, imponía a los propietarios de los animales feroces el deber de tenerlos bien guardados, y la indemnización incluía el lucro cesante. El Código Civil español no distingue la clase de animales, y su artículo 1905, como tiene establecido la jurisprudencia de esta Sala, constituye uno de los escasos supuestos claros de responsabilidad objetiva admitidos en nuestro Ordenamiento Jurídico (Ss de 3-4-1957, 26-1-1972, 15-3-1982, 31-12-1992 y 10-7-1996), al proceder del comportamiento agresivo del animal que se traduce en la causación de efectivos daños, exigiendo el precepto sólo causalidad material".

Esta imputación objetiva de la responsabilidad, derivada de la posesión o utilización del animal, desplaza hacia quien quiere exonerase de ella la carga de acreditar que el curso causal se vio interferido por la culpa del perjudicado, que se erige de ese modo en causa eficiente y adecuada del resultado lesivo producido, eliminado la atribución de éste, conforme a criterios objetivos de imputación, al poseedor del animal o a quien se sirve de él. La presencia de la culpa de la víctima sitúa la cuestión de la atribución de la responsabilidad en el marco de la causalidad jurídica, presupuesto previo al de la imputación subjetiva, que exige la constatación de una actividad con relevancia causal en la producción del daño, apreciada con arreglo a criterios de adecuación o de eficiencia, e implica realizar un juicio de valor para determinar si el resultado dañoso producido es objetivamente atribuible al agente como consecuencia de su conducta o actividad, en función de las obligaciones correspondientes al mismo, contractuales o extracontractuales, y de la previsibilidad del resultado lesivo con arreglo a las reglas de la experiencia, entre otros criterios de imputabilidad admitidos, como los relacionados con el riesgo permitido, riesgos de la vida, competencia de la víctima, o ámbito de protección de la norma (Sentencia de 7 de junio de 2006, que cita las de 21 de octubre de 2005, 2 y 5 de enero, y 9 de marzo de 2006)».

También consideramos relevante la **STS n.º 529/2003, de 29 de mayo, ECLI:ES:TS:2003:3680**, según la cual:

«El artículo 1905 del Código civil establece, como criterio de imputabilidad, la posesión del animal o el servicio del mismo: "el poseedor de un animal o el que se sirve de él...", dice literalmente. Lo que significa que se impone la obligación de reparar el daño al que tiene el poder de hecho (posesión de hecho, inmediata) o el interés en la utilización (servicio) del animal, sea o no propietario. La sentencia de 28 de enero de 1986 precisa que se trata de una responsabilidad por riesgo inherente a la utilización del animal».

Por último, en cuanto a los intereses, es de aplicación lo establecido en el artículo 1100 del CC **(7)**.

SÉPTIMO.- COSTAS

De conformidad con lo establecido en el artículo 394 de la LEC, las costas deberán ser impuestas a la parte demandada.

OCTAVO.- *IURA NOVIT CURIA*

En todo lo no invocado resulta de aplicación el principio *iura novit curia*, plasmado en el artículo 218.2 de la LEC, en virtud del cual serán aplicables las demás normas que sean de pertinente, general o especial aplicación, y que el juzgador podrá tener en cuenta de oficio sin necesidad de que hayan sido previamente alegadas o invocadas por alguna de las partes intervinientes.

Por todo lo expuesto,

SUPLICO AL JUZGADO:

Que, teniendo por presentado este escrito junto con los documentos que lo acompañan y sus copias, se sirva admitirlo, tenga por formulada demanda de procedimiento ordinario frente a [NOMBRE_PARTE_CONTRARIA] y, tras los trámites oportunos, dicte en su día sentencia por la que, con estimación íntegra de la misma, condene a la demandada a pagar a mi representada el importe de [NÚMERO] euros en concepto de responsabilidad extracontractual por daños causados por animal, con los intereses legales que correspondan, y expresa condena al pago de las costas causadas.

Es justicia que pido en [LOCALIDAD], a [DÍA] de [MES] de [AÑO]

Fdo.: Don/Doña   Fdo.: Don/Doña
[NOMBRE_ABOGADO_CLIENTE]   [NOMBRE_PROCURADOR_CLIENTE]

OTROSÍ DIGO: es intención de esta parte cumplir con todos los requisitos legales por lo que, a tenor de lo previsto en el artículo 231 de la LEC, se solicita el traslado de cualquier defecto de que adolezca la presente demanda, para su inmediata subsanación.

En consecuencia,

SUPLICO AL JUZGADO:

Que tenga por efectuada la anterior manifestación a los efectos oportunos.

Es justicia que pido en fecha y lugar *ut supra*.

Fdo.: Don/Doña   Fdo.: Don/Doña
[NOMBRE_ABOGADO_CLIENTE]   [NOMBRE_PROCURADOR_CLIENTE]

---

(1) Tras la reforma operada por el Real Decreto-ley 6/2023, de 19 de diciembre, en vigor desde el 20/03/2024, de los artículos 249 y 250 de la LEC se infiere que en las demandas de reclamación de cantidad el juicio por razón de la cuantía que procede es el juicio verbal cuando aquella no exceda de 15.000 euros y el ordinario si excede de esta cantidad o es de cuantía indeterminada.

(2) En caso de que el perro estuviera asegurado, la demanda habría de dirigirse también frente a la compañía aseguradora como responsable civil.

(3) Si el perro es potencialmente peligroso, indique el número de licencia y también, si está asegurado, la compañía [NOMBRE] y el número de póliza.

(4) La cuantía ha sido calculada de acuerdo con lo establecido en la Resolución de 18 de enero de 2024, de la Dirección General de Seguros y Fondos de Pensiones, por la que se publican las cuantías de las indemnizaciones actualizadas del sistema para valoración de los daños y perjuicios causados a las personas en accidentes de circulación.

(5) Adjunte toda la documentación que posea con respecto a los días de hospitalización, bajas, informes médicos con respecto a las secuelas, puntuaciones, etc.

(6) Para el caso de que el animal sea potencialmente peligroso será también aplicable la Ley 50/1999, de 23 de diciembre, sobre el Régimen Jurídico de la Tenencia de Animales Potencialmente Peligrosos.

(7) En caso de que intervenga la compañía aseguradora, aplíquense los intereses del artículo 20 de la Ley 50/1980, de 8 de octubre, de Contrato de Seguro.

Demanda de juicio verbal en reclamación de daños en accidente de circulación por irrupción de un animal

AL JUZGADO DE PRIMERA INSTANCIA DE [LOCALIDAD]

Don/Doña [NOMBRE PROCURADOR CLIENTE], procurador/a de los tribunales y de **don/doña** [NOMBRE CLIENTE], con DNI [NÚMERO], y domicilio en [DOMICILIO CLIENTE], según acredito mediante escritura de poder (notarial/apud acta) que acompaño como **doc.** [NÚMERO], bajo la dirección letrada de **don/doña** [NOMBRE ABOGADO CLIENTE], colegiado/a número [NÚMERO] por el ICA [LOCALIDAD], ante el juzgado comparezco y, como mejor proceda en derecho proceda, **DIGO:**

Por medio de este escrito formulo **DEMANDA de JUICIO VERBAL** en reclamación de [CANTIDAD] euros por los daños materiales causados en accidente de circulación por irrupción de un animal, contra:

- Don/Doña [NOMBRE_PARTE_CONTRARIA], con DNI [NIF_CIF_DNI_PARTE_CONTRARIA], propietario/a del animal [DESCRIPCIÓN], con licencia n.º [NÚMFRO].

- Compañía de Seguros [NOMBRE] con domicilio social en [DOMICILIO_SOCIAL] en calidad de responsable civil.

Todo ello en base a los siguientes,

HECHOS

PRIMERO.- En fecha [FECHA] cuando circulaba por [LOCALIZACIÓN] sobre las [HORA] horas mi mandante sufrió daños [ESPECIFICAR] causados por el animal [DESCRIPCIÓN], con licencia n.º [NÚMERO], asegurado/a en la Compañía de Seguros [NOMBRE] **(1)** con la póliza n.º [NÚMERO]. El animal irrumpió en la calzada de forma repentina sin que mi mandante pudiese hacer nada para esquivarlo y evitar a su vez lesionar a los viandantes que transitaban en ese momento por allí, por lo que al final terminó colisionando contra [ESPECIFICAR].

Se adjunta como **documento n.º** [NÚMERO], copia del atestado policial.

SEGUNDO.- Como consecuencia del accidente, el vehículo sufrió daños cuya reparación ascendió a la cantidad de [CANTIDAD] euros.

Se adjunta como **documento n.º** [NÚMERO], la factura de la reparación de los daños en el Taller [NOMBRE].

TERCERO.- Además, al lugar de los hechos acudieron tanto una dotación de la policía local como una ambulancia de [DESCRIPCIÓN], efectuando sendos informes, los cuales se acompañan como **documentos n.º** [NÚMERO] y [NÚMERO].

CUARTO.- Desplazado/a mi mandante al centro médico [DESCRIPCIÓN] fue diagnosticado/a de [DESCRIPCIÓN].

De dichas lesiones tardó [NÚMERO] días en curar, de los que, [NÚMERO] fueron de hospitalización, [NÚMERO] fueron impeditivos, quedándole como secuelas: [DESCRIPCIÓN].

QUINTO.- Después de numerosos intentos para llegar a un acuerdo amistoso con la compañía de seguros, mi mandante se ha visto obligado a acudir a la vía judicial para reclamar la cantidad por los daños sufridos.

Se adjunta como **documento n.º** [NÚMERO], copia de los escritos de intentos de llegar a un acuerdo.

SEXTO.- En ningún momento la entidad aseguradora ha puesto a su disposición cantidad alguna, por lo que vengo a solicitar junto al principal, los intereses por mora, de conformidad con el artículo 20 de la Ley del Contrato del Seguro.

SÉPTIMO.- La cantidad total reclamada asciende a [NÚMERO] que corresponden a:

- Días de hospitalización [NÚMERO] x [CUANTÍA] =
- Días impeditivos [NÚMERO] x [CUANTÍA] =
- Días no impeditivos [NÚMERO] x [CUANTÍA] =
- Secuelas =
- Reparación del vehículo =
- TOTAL [EUROS]

Se adjunta como documento n.º [NÚMERO].

A los anteriores hechos son de aplicación los siguientes

FUNDAMENTOS DE DERECHO

I.- JURISDICCIÓN Y COMPETENCIA

Es competente la jurisdicción civil conforme a lo dispuesto en los artículos 36 y siguientes de la Ley de Enjuiciamiento Civil.

De conformidad con el artículo 52.9.º de la Ley de Enjuiciamiento Civil «En los juicios en que se pida indemnización de los daños y perjuicios derivados de la circulación de vehículos de motor será competente el tribunal del lugar en que se causaron los daños».

II.- CAPACIDAD Y LEGITIMACIÓN

Ambas partes, demandante y demandada, cumplen con lo establecido en los artículos 6 y siguientes de la Ley de Enjuiciamiento Civil.

Le corresponde a mi mandante la legitimación activa, de conformidad con el artículo 10 de la Ley de Enjuiciamiento Civil, por tener la condición de perjudicado por el accidente de circulación.

Le corresponde la legitimación pasiva a las partes demandadas por su condición de causante del accidente y compañía aseguradora con la que tiene suscrita póliza de seguro de vehículo y deudores de las cantidades reclamadas.

III.- REPRESENTACIÓN Y DEFENSA

Las partes deberán comparecer por medio de procurador y asistidas de letrado, de conformidad con lo expuestos en los arts. 23 y 31 de la LEC, al ser la cuantía del procedimiento superior a 2.000 €.

IV.- CUANTÍA

La cuantía del presente procedimiento se cifra en [NÚMERO] euros en atención a la cuantía reclamada, a la que habrá que añadir los intereses pertinentes.

V.- PROCEDIMIENTO

La presente demanda se ajustará a los trámites del procedimiento establecido para el juicio verbal, al reclamarse una cuantía inferior a 15.000 euros, en virtud del artículo 250.2 de la Ley de Enjuiciamiento Civil **(2)**.

VI.- FONDO

Artículo 1905 del CC

«El poseedor de un animal, o el que se sirve de él, es responsable de los perjuicios que causare, aunque se le escape o extravíe. Sólo cesará esta responsabilidad en el caso de que el daño proviniera de fuerza mayor o de culpa del que lo hubiese sufrido».

Resulta interesante traer a colación las siguientes sentencias.

Sentencia de la Audiencia Provincial de Huelva n.º 78/2022, de 14 de febrero, ECLI:ES:APH:2022:35.

«La jurisprudencia de manera general expresa que a la hora de interpretar el art. 1905 del C. Civil existe un cuerpo de doctrina que afirma, que partiendo de la idea de que el animal a que se refiere el precepto no es el que ataca incitado por su dueño, sino el que lo hace en su natural libertad, es unánime el sentir jurisprudencial de que **se está ante un supuesto de responsabilidad objetiva, bastando que un animal cause perjuicio para que nazca la responsabilidad del dueño** (Sentencia de 23 de diciembre de 1952), pues el artículo 1905 del Código Civil bien claramente proclama la responsabilidad, con carácter objetivo, del dueño de los animales (Sentencia de 15 de marzo de 1982), ya que contempla una responsabilidad de carácter no culpabilista o por riesgo, inherente a la utilización del animal, **que procede en principio por la mera causación del daño, con exoneración en los singulares casos de fuerza mayor o culpa del que lo hubiere sufrido, si bien esta responsabilidad viene anudada a la posesión del semoviente y no por modo necesario a su propiedad,** de donde se sigue que basta la explotación en el propio beneficio para que surja esa obligación de resarcir, puesto que el artículo habla del poseedor de un animal o del que se sirve de él (Sentencia TS de 16 de enero de 1986)».

Sentencia del Tribunal Supremo n.º 529/2003, de 29 de mayo, ECLI:ES:TS:2003:3680

«SEGUNDO.- La obligación de reparar el daño causado por animales la contempla el artículo 1905 del Código civil: **responsabilidad objetiva que deriva de la posesión del animal**; sólo se evita que surja tal obligación cuando se rompe el nexo causal por fuerza mayor o por culpa del perjudicado. Es abundante y muy reiterada la jurisprudencia moderna sobre tal norma: destacan el carácter objetivo de la responsabilidad (…).

(…)

El artículo 1905 del Código civil establece, como criterio de imputabilidad, la posesión del animal o el servicio del mismo: "el poseedor de un animal o el que se sirve de él...", dice literalmente. Lo que significa que se impone la **obligación de reparar el daño al que tiene el poder de hecho** (posesión de hecho, inmediata) o el interés en la utilización (servicio) del animal, sea o no propietario. La sentencia de 28 de enero de 1986 precisa que se trata de una responsabilidad por riesgo inherente a la utilización del animal».

Sentencia del Juzgado de Primera Instancia de Navarra n.º 377/2022, de 8 de noviembre, ECLI:ES:JPI:2022:2410

«Por lo tanto, no acreditándose la existencia de prioridad de paso de animales en ese punto y no acreditándose tampoco culpa alguna del conductor del vehículo dañado en el accidente, resulta de aplicación la responsabilidad objetiva del art. 1905 del CC, debiendo responder de los daños causados tanto el propietario de los animales como su aseguradora. Y es que, pese a que se niega la legitimación pasiva del Sr. Roman, es él quien se sirve de las ovejas (quien obtiene un beneficio de las mismas) pese a que en el momento de los hechos no se encontrase en el lugar».

VII.- INTERESES

Conforme al **artículo 20 de la Ley del Contrato de Seguro** «(...) incurre en mora cuando no hubiere cumplido su prestación en el plazo de tres meses desde la producción del siniestro o no hubiere procedido al pago del importe mínimo de lo que pueda deber dentro de los cuarenta días a partir de la recepción de la declaración del siniestro».

Añade el precepto:

«La indemnización por mora se impondrá de oficio por el órgano judicial y consistirá en el pago de un interés anual igual al del interés legal del dinero vigente en el momento en que se devengue, incrementado en el 50 por 100 (...)».

VIII.- *IURA NOVIT CURIA*

En todo lo no invocado resulta de aplicación el principio *iura novit curia*, plasmado en el párrafo segundo del punto primero del artículo 218 de la Ley de Enjuiciamiento Civil, en virtud del cual serán aplicables las demás normas que sean de pertinente, especial o general aplicación, y que el juzgador podrá tener en cuenta de oficio sin necesidad de que hayan sido previamente alegadas o invocadas por alguna de las partes intervinientes.

IX.- COSTAS

Solicito la imposición de costas a los demandados en virtud del artículo 394 de la Ley de Enjuiciamiento Civil.

Por todo ello,

SUPLICO AL JUZGADO:

Que tenga por presentado este escrito con sus copias y documentos, los admita y tenga por formulada **DEMANDA DE JUICIO VERBAL** en reclamación de [CANTIDAD_EN_LETRA] euros ([CANTIDAD] €) por daños derivados de accidente de circulación por irrupción de un animal, contra don/doña [NOMBRE_PARTECONTRARIA] y la entidad aseguradora [NOMBRE] y tras los trámites legales oportunos, dicte sentencia estimando la demanda y condenando al abono de [CANTIDAD_EN_LETRA] euros ([CANTIDAD] €) en concepto de daños materiales más los intereses por mora desde la fecha del accidente.

Por ser justicia en [LOCALIDAD] y [FECHA].

Fdo.: Don/Doña
[NOMBRE_ABOGADO_CLIENTE]

Fdo.: Don/Doña
[NOMBRE_PROCURADOR_CLIENTE]

Fdo.: Don/Doña
[NOMBRE_COLEGIADO_
ABOGADO_CLIENTE]

Fdo.: Don/Doña
[NOMBRE_COLEGIADO_
PROCURADOR_CLIENTE]

PRIMER OTROSÍ DIGO: siendo intención de esta parte cumplir con todos los requisitos legales, a tenor de lo previsto en el artículo 231 de la Ley de Enjuiciamiento Civil, se solicita se le diere traslado de cualquier defecto que adoleciere la presente demanda, para la inmediata subsanación de la misma.

En su virtud,

SUPLICO AL JUZGADO:

Que tenga por efectuada la anterior manifestación a los efectos oportunos.

Por ser justicia, fecha y lugar *ut supra*

Fdo.: Don/Doña   Fdo.: Don/Doña

[NOMBRE_ABOGADO_CLIENTE]   [NOMBRE_PROCURADOR_CLIENTE]

Fdo.: Don/Doña   Fdo.: Don/Doña

[NOMBRE_COLEGIADO_   [NOMBRE_COLEGIADO_

ABOGADO_CLIENTE]   PROCURADOR_CLIENTE]

---

(1) En caso de estar asegurado el animal.

(2) El RD-ley 6/2023, de 19 de diciembre, modifica el artículo 250 de la LEC con entrada en vigor el 20/03/2024.

Demanda de juicio verbal reclamando daños morales por muerte de mascota

AL JUZGADO DE PRIMERA INSTANCIA DE [LUGAR]

Don/Doña [NOMBRE PROCURADOR/A CLIENTE], procurador/a de los tribunales y de don/doña [NOMBRE CLIENTE], con DNI [NÚMERO], y domicilio en [DOMICILIO CLIENTE], según acredito mediante escritura de poder (notarial/apud acta) que acompaño como **documento n.º** [NÚMERO], bajo la dirección letrada de don/doña [NOMBRE ABOGADO/A CLIENTE], colegiado/a número [NÚMERO] por el ICA [LOCALIDAD], ante el Juzgado comparezco y, como mejor en derecho proceda, **DIGO**:

Que, por medio del presente escrito, formulo **DEMANDA DE JUICIO VERBAL** en reclamación de [CANTIDAD] euros por los daños morales causados como consecuencia de la muerte de la mascota en una trifulca con el perro propiedad de don/doña [PARTE CONTRARIA]:

- Don/Doña [NOMBRE PARTE CONTRARIA], con DNI [NIF CIF DNI PARTE CONTRARIA], es propietario/a del animal [DESCRIPCIÓN], con licencia n.º [NÚMERO].

- Compañía de Seguros [NOMBRE] con domicilio social en [DOMICILIO SOCIAL] en calidad de responsable civil.

Todo ello en base a los siguientes:

HECHOS

PRIMERO.- Mi representado/a es propietario/a de un perro de raza [RAZA PERRO], llamado [NOMBRE PERRO], que falleció el día [FECHA] como consecuencia de una pelea con el perro de la parte demandada, un [RAZA PERRO CONTRARIO], que se encontraba suelto y sin bozal en la vía pública, concretamente en [ESPECIFICAR LOCALIZACIÓN PELEA] incumpliendo así la normativa vigente sobre la tenencia de animales potencialmente peligrosos.

El perro propiedad de mi cliente paseaba con correa, pero pese a eso no se pudo hacer nada para detener la agresión, ya que debido a la gran envergadura y fuerza de [PERRO CONTRARIO] fue imposible para ambos propietarios intervenir en la trifulca con la seguridad de no sufrir lesiones.

SEGUNDO.- La mascota [NOMBRE MASCOTA] murió como consecuencia del ataque sorpresivo de [NOMBRE MASCOTA CONTRARIA] tal y como se acredita con el informe del veterinario que aportamos como **documento n.º** [NÚMERO], existiendo así un nexo causal claro entre la muerte de [NOMBRE MASCOTA] y el ataque de [NOMBRE MASCOTA CONTRARIA].

TERCERO.- La negligencia de la parte demandada al no controlar adecuadamente a su perro provocó la muerte de la mascota de mi representado/a, causando un profundo dolor y sufrimiento emocional, pues [NOMBRE MASCOTA] convivía con mi mandate desde hace [NÚMERO DE AÑOS DE CONVIVENCIA CON LA MASCOTA].

CUARTO.- La pérdida de [NOMBRE MASCOTA] ha tenido un impacto significativo en la salud emocional de mi representado/a, quien ha requerido tratamiento médico y psicológico para superar el trauma de agorafobia y el cuadro ansioso depresivo que desarrollo tras el fatídico accidente, tal y como se acredita con los informes médicos que se adjuntan como **documentos n.º** [NÚMERO] y [NÚMERO].

QUINTO.- Después de numerosos intentos para llegar a un acuerdo amistoso con la compañía de seguros, mi mandante se ha visto obligado a acudir a la vía judicial para reclamar la cantidad por los daños sufridos.

Se adjunta como **documento n.º** [NÚMERO], copia de los escritos de intentos de llegar a un acuerdo.

SEXTO.- En ningún momento la entidad aseguradora ha puesto a su disposición cantidad alguna, por lo que vengo a solicitar junto al principal, los intereses por mora, de conformidad con el artículo 20 de la Ley del Contrato del Seguro.

SÉPTIMO.- La cantidad total reclamada asciende a [NÚMERO] que corresponden a:

- Días de hospitalización [NÚMERO] x [CUANTÍA]
- Días impeditivos [NÚMERO] x [CUANTÍA]
- Días no impeditivos [NÚMERO] x [CUANTÍA]
- Secuelas
- TOTAL [EUROS]

Se adjunta como **documento n.º** [NÚMERO].

A los anteriores hechos le son de aplicación los siguientes:

FUNDAMENTOS DE DERECHO

I.- JURISDICCIÓN Y COMPETENCIA

Es competente la jurisdicción civil conforme a lo dispuesto en los artículos 36 y siguientes de la Ley de Enjuiciamiento Civil.

Es competente el Juzgado de Primera Instancia de [LUGAR] conforme a lo dispuesto en los artículos 45 y 52 de la Ley de Enjuiciamiento Civil.

II.- CAPACIDAD Y LEGITIMACIÓN

Ambas partes, demandante y demandada, cumplen con lo establecido en los artículos 6 y siguientes de la Ley de Enjuiciamiento Civil.

Mi representado/a está legitimado/a activamente para interponer la presente demanda, en su calidad de propietario/a y perjudicado/a por los hechos descritos de acuerdo con el artículo 10 de la LEC.

Le corresponde la pasiva, a las partes demandadas por su condición de propietario del animal causante del accidente y compañía aseguradora con la que tiene suscrita póliza de seguro de responsabilidad civil y deudores de las cantidades reclamadas.

III.- REPRESENTACIÓN Y DEFENSA

Las partes deberán comparecer por medio de procurador y asistidas de letrado, de conformidad con lo expuestos en los arts. 23 y 31 de la LEC, al ser la cuantía del procedimiento superior a 2.000 €.

IV.- CUANTÍA

La cuantía del presente procedimiento se cifra en [NÚMERO] € en atención a la cuantía reclamada, a la que habrá añadir los intereses pertinentes.

V.- PROCEDIMIENTO

La presente demanda se ajustará a los trámites del procedimiento establecido para de juicio verbal, al reclamarse una cuantía inferior a 15.000 euros, en virtud del artículo 250.2 de la Ley de Enjuiciamiento Civil.

VI.- FONDO DEL ASUNTO

El artículo 1905 del Código Civil: «el poseedor de un animal, o el que se sirve de él, es responsable de los perjuicios que causare, aunque se le escape o extravíe. Sólo cesará esta responsabilidad en el caso de que el daño proviniera de fuerza mayor o de culpa del que lo hubiere sufrido», estando calificado, asimismo, como infracción administrativa grave, tal y como reza el **apartado 2.d) del artículo 13 de la Ley 50/1999, de 23 de diciembre, sobre el Régimen Jurídico de la Tenencia de Animales Potencialmente Peligrosos**, «el hallarse el perro potencialmente peligroso en lugares públicos sin bozal o no sujeto con cadena».

La indemnización por daños morales se justifica por el sufrimiento emocional y el impacto psicológico sufrido por mi representado/a,

La **Audiencia Provincial de Burgos n.º 235/2015, de 7 de junio, ECLI:ES:AP-BU:2016:516**, que valora los daños morales por la pérdida de un perro de compañía de la siguiente manera:

«Para valorar la indemnización procedente por daño moral, esto es para reparar aquellos sufrimientos, padecimientos, menoscabos que no tienen una directa traducción económica, se han de considerar todas las circunstancias concurrentes.

En el caso de autos, de lo que se trata es de valorar el dolor e impacto sicológico sufrido por la demandante por la pérdida de su perro, de siete años de edad, que tenía desde que era una cachorro, con el que convivía en su casa, con el que sin duda tenía una relación afectiva. Además, se ha de considerar que la pérdida del animal de forma súbita y traumática y las concretas circunstancias de su muerte han determinado aún mayor dolor.

Se ha de valorar también que el perro, además de con la actora, convivía con la madre de ésta, de avanzada edad (94 años) con demencia, a la que hacía compañía y entretenía, según resulta de las fotografías aportadas a las actuaciones y de las declaraciones de los testigos, el portero y una vecina del edificio. Y se ha de valorar como sufrimiento propio de la actora el dolor y malestar que le producía que su madre no tuviera la compañía y bienestar que le proporcionaba el perro, con el que a tenor de las fotografías aportadas tenía una especial vinculación afectiva.

En atención a las circunstancias expuestas se ha de considerar excesiva la indemnización reclamada y reconocida por la Sentencia recurrida, pero también insuficiente la ofrecida por la recurrente, valorando prudencialmente más adecuada una indemnización de 1.5000 €».

La **sentencia de la Audiencia Provincial de Almería n.º 638/2024, de 18 de junio, ECLI:ES:APAL:2024:606**:

«En el caso de autos, no hay lugar a dudas sobre el directo impacto del trauma presenciado, que se traduce tanto en padecimientos emocionales dolor o duelo sufrido por la pérdida de su perro Gamba documentado entre otros, en la carta de afecto/duelo a su mascota, como en los padecimientos psíquicos de lo que es

tratado a consecuencia del ataque del can del demandado a dos de los perros del demandante. Estos padecimientos psíquicos a los que ya se ha hecho referencia, están documentados y relatados al inicio del segundo fundamento de esta resolución. Y estos presenta una evidente e inequívoca relación causal directa con el siniestro. Es irrelevante que el demandante fuera tratado entre los 18 y 23 años de un trastorno mixto ansioso depresivo. Lo importante es que desde los 23 a los 37 años, e no presentaba síntomas y; que estos se activas o aparecen por causa directa del ataque del perro del Sr. Adolfo; a los perros del demandante Gamba y Sardina. Y ello debe tenerse encuentra a la hora de fijar el quantum de la indemnización, totalmente ajustada en la cantidad de 6.000 €, que confirmamos en esta resolución atendidos los parámetros expuestos.

Recordar que una cantidad menor o ínfima, no es admisible. El Tribunal Supremo ha afirmado que no son admisibles las indemnizaciones de carácter meramente simbólico. (STS núm. 386/2011, de 12 de diciembre) pues en ese caso, se convertirá la garantía jurisdiccional en un acto meramente ritual o simbólico incompatible con el contenido de los artículos 9.1, 1.1. y 53.2 CE y la correlativa exigencia de una reparación acorde con el relieve de los valores e intereses en juego (STC 186/2001, FJ 8)" (STS 4 de diciembre 2014 (RJ 2014, 6360), rec. núm. 810/2013.

En la misma línea, las sentencias de 4 de diciembre de 2014 (RJ 2014, 6360), de 18 de febrero de 2015 (RJ 2015, 690) y 12 de mayo de 2015 (RJ 2015, 1736), a título de ejemplo comparativo de cuantías, estas sentencias son contrarias a establecer indemnizaciones que no cubren ni de lejos los gastos necesarios para entablar un proceso.

Por todo ello, se desestima el segundo motivo del recurso y se confirma en todos sus pronunciamientos la sentencia recurrida».

VII.- INTERESES

Conforme al **artículo 20 de la Ley del Contrato de Seguro**, incurre en mora el asegurador si en el plazo de 3 meses desde el siniestro no hubiere procedido al pago.

La indemnización por mora se impondrá de oficio por el órgano judicial y consistirá en el pago de un interés anual igual al interés legal del dinero vigente en el momento en que se devengue, incrementado en el 50 %.

VIII.- *IURA NOVIT CURIA*

En todo lo no invocado resulta de aplicación el principio *iura novit curia*, plasmado en el párrafo segundo del punto primero del artículo 218 de la Ley de Enjuiciamiento Civil, en virtud del cual serán aplicables las demás normas que sean de pertinente, especial o general aplicación, y que el juzgador podrá tener en cuenta de oficio sin necesidad de que hayan sido previamente alegados o invocados por alguna de las partes intervinientes.

IX.- COSTAS

Solicito la imposición de costas a los demandados en virtud del artículo 394 de la Ley de Enjuiciamiento Civil.

Por todo ello,

SUPLICO AL JUZGADO:

Que tenga por presentado este escrito con sus copias y documentos, los admita y por formulada **DEMANDA DE JUICIO VERBAL** en reclamación de [CANTIDAD EN LETRA] euros ([CANTIDAD] €) por daños morales derivados de la muerte de la mascota [NOMBRE MASCOTA] de mi mandante como consecuencia de las mordeduras propinadas por el perro propiedad de don/doña [NOMBRE PARTE CONTRARIA], contra don/doña [NOMBRE PARTE CONTRARIA] y la entidad aseguradora [NOMBRE] y tras los trámites legales oportunos, dicte sentencia estimando la demanda y condenando al abono de [CANTIDAD EN LETRA] euros ([CANTIDAD] €) en concepto de daños morales más los intereses por mora desde la fecha del accidente.

Por ser justicia en [LOCALIDAD] y [FECHA].

Fdo.: Don/Doña   Fdo.: Don/Doña
[NOMBRE_ABOGADO/A_CLIENTE]   [NOMBRE_PROCURADOR/A_CLIENTE]

Fdo.: Don/Doña   Fdo.: Don/Doña
[NOMBRE_COLEGIADO/A_   [NOMBRE_COLEGIADO/A_
ABOGADO_CLIENTE]   PROCURADOR_CLIENTE]

PRIMER OTROSÍ DIGO: siendo intención de esta parte cumplir con todos los requisitos legales, a tenor de lo previsto en el artículo 231 de la Ley de Enjuiciamiento Civil, se solicita se le diere traslado de cualquier defecto que adoleciere la presente demanda, para la inmediata subsanación de la misma.

En su virtud,

SUPLICO AL JUZGADO:

Que tenga por efectuada la anterior manifestación a los efectos oportunos.

Por ser justicia, fecha y lugar *ut supra*.

Fdo.: Don/Doña   Fdo.: Don/Doña
[NOMBRE_ABOGADO/A_CLIENTE]   [NOMBRE_PROCURADOR/A_CLIENTE]

Fdo.: Don/Doña   Fdo.: Don/Doña
[NOMBRE_COLEGIADO/A_   [NOMBRE_COLEGIADO/A_
ABOGADO_CLIENTE]   PROCURADOR_CLIENTE]

Demanda de juicio ordinario sobre reclamación de indemnización por daños causados por animales domésticos

AL JUZGADO DE PRIMERA INSTANCIA DE [LOCALIDAD] QUE POR TURNO DE REPARTO CORRESPONDA

Don/Doña [NOMBRE], procurador/a de los tribunales, número de colegiado/a [NÚMERO], en nombre y representación de don/doña [NOMBRE], con domicilio en [LOCALIDAD] y DNI [DNI] representación que acreditaré mediante designación apud acta/designación que acredito mediante de poder notarial [DESCRIPCIÓN] que acompaño como **documento n.º** [NÚMERO], actuando bajo la dirección técnica del/de la letrado/a don/doña [NOMBRE], colegiado/a del Ilustre Colegio de Abogados de [LOCALIDAD], número [NÚMERO], ante el juzgado comparezco, y, como mejor proceda en derecho,

DIGO

Mediante el presente escrito y en la representación que ostento, formulo **DEMANDA DE PROCEDIMIENTO ORDINARIO** en ejercicio de la acción de reclamación de la cantidad de [NÚMERO] euros **(1)** por responsabilidad extracontractual, contra don/doña [NOMBRE], con DNI [NÚMERO] y domicilio en [CALLE], portal [NÚMERO], piso [NÚMERO] y contra la compañía aseguradora [NOMBRE] **(2)**, en calidad de responsable civil con base en los siguientes

HECHOS

PRIMERO.- Sobre las [HORA] horas mi mandante sufrió daños [ESPECIFICAR] causados por el animal [DESCRIPCIÓN], con licencia n.º [NÚMERO], asegurado en la Compañía de Seguros [NOMBRE] con la póliza n.º [NÚMERO].

SEGUNDO.- Al lugar de los hechos acudieron tanto una dotación de la policía local como una ambulancia de [DESCRIPCIÓN], efectuando sendos informes, los cuales se acompañan como **documentos n.º** [NÚMERO] y [NÚMERO].

TERCERO.- Desplazado/a mi mandante al centro médico [DESCRIPCIÓN] fue diagnosticado/a de [DESCRIPCIÓN].

De dichas lesiones tardó [NÚMERO] días en curar, de los que, [NÚMERO] fueron de hospitalización, [NÚMERO] fueron impeditivos, quedándole como secuelas: [DESCRIPCIÓN].

CUARTO.- Por encargo de nuestro/a mandante, se efectuaron numerosos contactos con las demandadas a efectos de resolver el presente litigio por vía amistosa, si bien, ante la falta de interés de las mismas, se formula la presente.

Se adjunta como **documento n.º** [NÚMERO] copia de los burofaxes enviados por esta representación a ambas demandadas.

QUINTO.- La cantidad total reclamada asciende a [NÚMERO] que corresponden a:

– Días de hospitalización [NÚMERO] x [CUANTÍA] euros = [CANTIDAD] euros.

  – Días impeditivos [NÚMERO] x [CUANTÍA] euros= [CANTIDAD] euros.

  – Días no impeditivos [NÚMERO] x [CUANTÍA] euros= [CANTIDAD] euros.

  – Secuelas = [CANTIDAD] euros.

  – TOTAL. [EUROS]

Se adjunta como **documento n.º** [NÚMERO].

A los anteriores hechos son de aplicación los siguientes

FUNDAMENTOS DE DERECHO

I.- JURISDICCIÓN Y COMPETENCIA

De aplicación lo estipulado en los arts. 21 y ss. de la LOPJ, así como lo establecido en el art. 36 de la LEC.

Es competente el juzgado al que me dirijo de conformidad con lo dispuesto en los artículos 45 y siguientes de la LEC, así como 50 y concordantes.

II.- CAPACIDAD Y LEGITIMACIÓN

Poseen ambas partes capacidad y legitimación suficiente de conformidad con lo estipulado en los arts. 6, 10 y concordantes de la LEC.

III.- REPRESENTACIÓN

Las partes deberán comparecer por medio de procurador y asistidas de letrado, de conformidad con lo expuestos en los arts. 23 y 31 de la LEC, al ser la cuantía del procedimiento superior a 2.000 €.

IV.- CUANTÍA

Se establece la cuantía del procedimiento en [CUANTÍA] euros, ello con relación a lo expuesto en el artículo 253, en relación con el artículo 251, ambos de la Ley de Enjuiciamiento Civil.

V.- PROCEDIMIENTO

El procedimiento a seguir es el previsto para el procedimiento ordinario según dispone el artículo 249 de la Ley de Enjuiciamiento Civil **(1)**, al superar la cuantía reclamada los 15.000 €.

VI.- FONDO DEL ASUNTO

El artículo 1905 del Código Civil (CC) establece que «El poseedor de un animal, o el que se sirve de él, es responsable de los perjuicios que causare, aunque se le escape o extravíe. Sólo cesará esta responsabilidad en el caso de que el daño proviniera de fuerza mayor o de culpa del que lo hubiere sufrido», estando calificado, asimismo, en caso de animales potencialmente peligrosos como infracción administrativa grave, tal y como reza el **apartado 2.d) del art. 13** de la Ley 50/1999, de 23 de diciembre, sobre el Régimen Jurídico de la Tenencia de Animales Potencialmente Peligrosos, «el hallarse el perro potencialmente peligroso en lugares públicos sin bozal o no sujeto con cadena».

El artículo 1093 del CC **en relación con las obligaciones señala que** «Las que deriven de actos u omisiones en que intervenga culpa o negligencia no penadas por la ley, quedarán sometidas a las disposiciones del capítulo II del título XVI de este libro».

Jurisprudencialmente, a título de ejemplo la **sentencia de la Audiencia Provincial de Tenerife n.º 96/2016, de 30 de marzo, ECLI:ES:APTF:2016:573:**

> «La causa del daño fue la negligente conducta de la demandada, que tenía el perro suelto y en condiciones de salir a la calle y sin bozal. Como dice el T.S.

En la Sentencia de 12-4-00, citada en el recurso, a efectos de determinar la responsabilidad en que pueden incurrir los dueños o poseedores de animales que causen daño, el art 1.905 CC 'constituye uno de los escasos supuestos de responsabilidad objetiva admitidos en nuestro ordenamiento (SSTS 3-4-57, 26-1-72, 15-3-82, 31-12-92 y 10-07-95) al proceder del comportamiento agresivo del animal que se traduce en la causación de efectivos daños, exigiendo el precepto solo causalidad material (.), ser los efectivos poseedores de los mismos, es decir, se trata de propietarios- poseedores (.) al encontrarse los animales bajo la guarda de los recurrentes, tanto en su dimensión de guardia jurídica como de guardia material (...)'. Por consiguiente, la afirmación de la demandada de que el perro es propiedad de su hijo, es irrelevante a los efectos de su condena, puesto que ha admitido que el animal estaba bajo sus cuidados, siendo por tanto poseedora y responsable de la conducta del mismo».

SAP de Tarragona n.º 43/2016, de 9 de febrero, ECLI:ES:APT:2016:66.

«El art. 1905 C. civil contempla un supuesto de responsabilidad por el riesgo creado al utilizar un animal, sin otra exoneración que la fuerza mayor o la culpa de la víctima (STS 15 marzo 1982 y 26 enero 1986, 24 noviembre 2004, entre otras), y no advertimos culpa alguna de la actora por el hecho de querer proteger a su propio perro del acometimiento de otro extraño y de mayor envergadura. No se trato de evitar un juego sino el daño para su propio animal de compañía por la actuación del otro. Por el contrario, la responsabilidad del demandado-apelado es prístina por el hecho de llevar el perro suelto y sin bozal, además de haber observado una conducta pasiva en el envite».

VII.- COSTAS

De conformidad con el artículo 394 de la LEC, las costas deberán ser impuestas a la parte demandada

VIII.- *IURA NOVIT CURIA*

En todo lo no invocado resulta de aplicación el principio *iura novit curia*, plasmado en el párrafo segundo del punto primero del artículo 218 de la Ley de Enjuiciamiento Civil, en virtud del cual serán aplicables las demás normas que sean de pertinente, especial o general aplicación, y que el juzgador podrá tener en cuenta de oficio sin necesidad de que hayan sido previamente alegadas o invocadas por alguna de las partes intervinientes.

Por todo lo expuesto,

SUPLICO AL JUZGADO:

Que, teniendo por presentado este escrito con los documentos y copias que se acompañan, lo admita, me tenga por personado y parte en la representación acreditada y por formulada la demanda de procedimiento ordinario contra don/doña [NOMBRE_PARTE_CONTRARIA] y [NOMBRE_PARTE_CONTRARIA] y en su día, previo los trámites de rigor, se dicte sentencia por la que condene a la demandada a pagar a mi representada el importe de [NÚMERO] euros en concepto de responsabilidad extracontractual por daños causados por animal, con los intereses legales que correspondan, siendo de aplicación los estipulados en el art. 20 de la Ley del Contrato de seguro (LCS), y expresa condena al pago de las costas causadas.

Por ser justicia que pido en, [LUGAR] a [DÍA] de [MES] de [AÑO]

Fdo.: Don/Doña   Fdo.: Don/Doña
[NOMBRE_ABOGADO_CLIENTE]   [NOMBRE_PROCURADOR_CLIENTE]

PRIMER OTROSÍ DIGO: siendo intención de esta parte cumplir con todos los requisitos legales, a tenor de lo previsto en el artículo 231 de la Ley de Enjuiciamiento Civil, se solicita se le diere traslado de cualquier defecto que adoleciere la presente demanda, para la inmediata subsanación de la misma.

En su virtud,

SUPLICO AL JUZGADO:

Que tenga por efectuada la anterior manifestación a los efectos oportunos.

Por ser justicia, fecha y lugar *ut supra*

Fdo.: Don/Doña   Fdo.: Don/Doña

[NOMBRE_ABOGADO_CLIENTE]   [NOMBRE_PROCURADOR_CLIENTE]

---

(1) Tras la reforma operada por el Real Decreto-ley 6/2023, de 19 de diciembre, en vigor desde el 20/03/2024, de los artículos 249 y 250 de la LEC se infiere que en las demandas de reclamación de cantidad el juicio por razón de la cuantía que procede es el juicio verbal cuando aquella no exceda de 15.000 euros y el ordinario si excede de esta cantidad o es de cuantía indeterminada.

(2) En caso de estar asegurado el animal.

Escrito de reclamación extrajudicial al seguro por daños a un animal derivado de un accidente de tráfico

A LA COMPAÑÍA DE SEGUROS [NOMBRE_EMPRESA]

En [LOCALIDAD] a [DÍA] de [MES] de 20[AÑO].

Don/Doña [NOMBRE_CLIENTE] (Nombre del propietario del animal), con DNI n.º [NIF_CIF_DNI_CLIENTE] y domicilio a efecto de notificaciones en [DIRECCIÓN], del municipio de [LOCALIDAD], tfno./Fax n.º [NÚMERO],

EXPONE

PRIMERO.- Producido un siniestro con daños a un animal de mi propiedad, identificado con n.º de siniestro [NÚMERO], en fecha [FECHA] y siendo responsable del mismo el vehículo con matrícula n.º [NÚMERO], asegurado en su entidad.

SEGUNDO.- Reconocida la responsabilidad del mismo por parte de la conductora y propietaria del vehículo causante de los daños y constatada la existencia de testigos de los hechos, en el siniestro se produjeron daños por valor de [CANTIDAD] euros, lo que se acredita aportando copia de la factura del taller [NOMBRE] como documento adjunto.

TERCERO.- La Ley 50/1980, de 8 de octubre, de Contrato de Seguro, establece en su artículo 18, que «El asegurador está obligado a satisfacer la indemnización al término de las investigaciones y peritaciones necesarias para establecer la existencia del siniestro y, en su caso, el importe de los daños que resulten del mismo. En cualquier supuesto, el asegurador deberá efectuar, dentro de los cuarenta días a partir de la recepción de la declaración del siniestro, el pago del importe mínimo de lo que el asegurador pueda deber, según las circunstancias por él conocidas (...)».

Asimismo, el artículo 1902 del Código Civil establece que «El que por acción u omisión causa daño a otro, interviniendo culpa o negligencia, está obligado a reparar el daño causado», y el artículo 1903 del mismo código dispone que «La obligación que impone el artículo anterior es exigible, no sólo por los actos u omisiones propios, sino por los de aquellas personas de quienes se debe responder (...)».

Habiendo recibido comunicación por parte de la aseguradora en la que manifiesta que no aceptan la reclamación porque, según su criterio, no se desprende responsabilidad civil de la conductora, por esta parte no se está de acuerdo en tanto que la misma sí ha reconocido su culpabilidad.

Por todo ello, existiendo responsabilidad de la conductora por los daños y un seguro de responsabilidad civil que cubre los mismos, en aras de evitar la interposición de una demanda, se interpone la presente reclamación previa a la vía judicial, solicitando la indemnización de los perjuicios causados.

Sirva la presente para interrumpir la prescripción de las acciones que en derecho me asisten.

Esperando su colaboración, reciban un cordial saludo,

Fdo. [FIRMA]

Recurso de apelación en materia de accidentes de circulación ocasionados por animales

Procedimiento número: [NÚMERO]

A LA AUDIENCIA PROVINCIAL DE [PROVINCIA] **(1)**

Don/Doña [NOMBRE_PROCURADOR_CLIENTE], procurador/a de los tribunales y de [NOMBRE_CLIENTE], según tengo acreditado en los autos de juicio [ESPECIFICAR] señalados con el número [NÚMERO] bajo la dirección letrada de **don/doña** [NOMBRE_ABOGADO_CLIENTE], ante esta audiencia comparezco y como mejor proceda en derecho,

DIGO

En la representación que ostento y por medio del presente escrito, dentro del plazo de veinte días que me ha sido conferido, interpongo, en tiempo y forma, **RECURSO DE APELACIÓN** frente a la sentencia **(2)** dictada el [FECHA] por el [JUZGADO] en el procedimiento [ESPECIFICAR] n.º [NÚMERO_PROCEDIMIENTO].

Todo ello con base en las siguientes

ALEGACIONES

PREVIA.- Se presenta el recurso de apelación, con base en el artículo 458 **(1)** y siguientes de la Ley de Enjuiciamiento Civil.

El recurso se presenta en el plazo **(3)** y en la forma prevista en la ley. A tal efecto se acompaña como **documento número** [NÚMERO] copia de la resolución impugnada.

La resolución que se recurre n.º [NÚMERO] de fecha [FECHA], se dictó en procedimiento de reclamación de cantidad por los daños y perjuicios sufridos como consecuencia de un accidente de circulación provocado por un animal [ESPECIFICAR] **(4)**.

PRIMERA.- En el caso especial en que nos encontramos en el que se pretende la indemnización de los daños y perjuicios sufridos como consecuencia de un accidente de circulación, la admisión del recurso de apelación está condicionada a la constitución de depósito del importe de la condena más los intereses y recargos exigibles en el establecimiento destinado al efecto como así lo exige el artículo 449.3 de la LEC.

A tales efectos se acompaña como **documento número** [NÚMERO] justificante del depósito realizado por importe de [CANTIDAD] euros que es el resultado de sumar condena, intereses y recargos exigibles.

SEGUNDA.- Motivos de la apelación **(5)**

La sentencia de primera instancia condenó a mi representado/a en calidad de aseguradora del vehículo accidentado al pago de la indemnización de los daños personales sufridos por el/la conductor/a del vehículo por importe de [CANTIDAD] euros.

El accidente de circulación ha sido provocado por la irrupción de un animal de forma sorpresiva en la calzada.

Entiende esta parte que la sentencia dictada incurre en error en la valoración de la prueba, pues del informe estadístico aportado en primera instancia resulta que la causa principal del accidente es la irrupción de un animal en la calzada sin que se aprecie culpa alguna en el/la conductor/a del vehículo siniestrado y, por lo tanto, excluyendo su responsabilidad.

En segundo lugar, recalcar que el animal que provoca el accidente forma parte de un rebaño por lo que la responsabilidad debería recaer sobre su propietario conforme al artículo 1905 del CC por el que se establece que «El poseedor de un animal, o el que se sirve de él, es responsable de los perjuicios que causare, aunque se le escape o extravíe (...)».

Así pues, el responsable de los daños ocasionados debería ser el propietario del animal. Aun cuando lo anterior pueda ser discutido, lo que sí entiende esta parte es que, ante las circunstancias de los hechos planteados, no cabe su condena a indemnizar tales daños. Esto es así por cuanto entendemos que la hipotética responsabilidad que se le pudiera reconocer queda exonerada por la concurrencia de fuerza mayor.

A estos efectos, conviene citar la diferencia que existe entre el concepto de fuerza mayor y caso fortuito reflejada en la **sentencia de la Audiencia Provincial de Almería n.º 1277/2022, de 22 de noviembre, ECLI:ES:APAL:2022:1003**, cuando dice:

> «(...) un supuesto de caso fortuito (que no excluye el criterio de imputación objetiva de responsabilidad civil en accidentes de tráfico por daños personales), porque aun siendo un suceso no previsible, de llegarse a prever, no era absolutamente insuperable o inevitable (lo que lo diferencia de la fuerza mayor, en el que aun pudiendo preverse no se hubiera podido evitar) (...)».

En el caso que nos ocupa, defendemos la concurrencia de fuerza mayor toda vez que las características de la vía en la que tiene lugar el accidente con varios carriles, cerrada con un vallado y sin señalización alguna que indique la posibilidad de presencia de animales o incursión de ellos en la misma, hacen absolutamente imprevisible el acaecimiento de un accidente como el que ha motivado este proceso. Ninguna de estas circunstancias permite la previsibilidad de los hechos ocurridos.

Este motivo limita la capacidad del/de la conductor/a de evitar el accidente ya que es sorprendida por el animal sin que pueda imaginar este hecho y reaccionar a él.

Entendemos, nos encontramos ante un caso de fuerza mayor y no de caso fortuito y la concurrencia de fuerza mayor exonera de responsabilidad a mi representado/a.

Por lo expuesto,

SUPLICO A LA AUDIENCIA:

Que tenga por presentado este escrito, lo admita junto con sus documentos y copias, y tenga por interpuesto **RECURSO DE APELACIÓN**, contra la sentencia n.º [NÚMERO], y dicte resolución por la que, estimando este recurso de apelación, revoque íntegramente la sentencia recurrida, con condena en costas a la parte contraria.

Por ser justicia que pido en [CIUDAD], a [DIA] de [MES] de [AÑO].

Fdo.:   Fdo.:
[NOMBRE_ABOGADO/A_CLIENTE]   [NOMBRE_PROCURADOR/A_CLIENTE]

---

(1) El artículo 458 de la LEC se ve reformado por el RD-ley 6/2023, de 19 de diciembre, con entrada en vigor el 20/03/2024. Desde esa fecha el recurso de apelación se interpone ante el tribunal competente para conocerlo y no ante el que haya dictado la resolución impugnada.

(2) Conforme al artículo 455.1 de la LEC serán apelables las sentencias dictadas en toda clase de juicio, excepto las que se dicten en juicios verbales por razón de la cuantía cuando esta no supere los 3.000 euros.

(3) El plazo para interponer el recurso de apelación será de veinte días desde la notificación de la resolución impugnada (art. 458.1 de la LEC).

(4) Indicar el tipo de proceso y la cuantía. Debe justificarse que puede interponerse recurso de apelación teniendo en cuenta que no cabe en el caso de reclamaciones de cantidad en juicios verbales por razón de la cuantía si esta no supera los 3.000 euros.

(5) Indicar y desarrollar los pronunciamientos que se impugnan de la resolución recurrida. Si se alegan infracciones procesales debe acreditarse la indefensión sufrida, en su caso, y que se denunció oportunamente cuando se tuvo ocasión procesal para ello.